江戸のスポーツ歴史事典

谷釜尋徳

柏書房

目次——江戸のスポーツ歴史事典

第Ⅱ部　用具を使う

はじめに ――江戸のスポーツ

1――江戸の「スポーツ」とは

江戸のスポーツを知る意味

江戸の人びとはスポーツ好きだった。

スポーツは、その語源に立ち返ると「遊び戯れること[1]」を意味するが、このように広く捉えれば、近世の江戸にはたくさんのスポーツ（遊び）があったことはよく知られている。

日本では古代社会の昔から、さまざまな階層の人びとによって遊びの世界が伝承されてきた。まず、古代貴族を中心に優雅な遊びが誕生し、次に中世武士の勇ましい遊びの世界が発達する。近世になると都市の商工人が独自の娯楽文化を生み出し、村落では農民が農事暦に基づく楽しみを脈々《みゃくみゃく》と受け継いだ。(2)

今日、スポーツにはさまざまな定義があるが、スポーツと言えば「遊び」というよりも「身体運動」を前提に考えることが多い。古いところでは、ベルナール・ジレの見解が有名である。ジレは、ひとつの運動を「スポーツ」だと認定する条件として「遊戯、闘争、およびはげしい肉体活動」(3)の三つの要素を提示した。「肉体活動」が備わっていなければ、スポーツではないと言う。

近年の日本に目を向けてみると、平成二三（二〇一一）年公布のスポーツ基本法では、スポーツが「個人又は集団で行われる運動競技その他の身体活動」(4)（傍線、筆者）と定められ、平成二九（二〇一七）年策定の第二期スポーツ基本計画でも、「体を動かすという人間の本源的な欲求に応え、精神的充足をもたらすもの」(5)がスポーツだと明記されている。少なくとも現在の日本では、スポーツ＝遊びという認識は一般的ではない。

こうして考えると、今日的な視点から見れば、近世の江戸にはスポーツが存在しなかったことになるのだろうか。決してそうではない。実は、日本人が育んできた「遊び」としての広がりを持ったスポーツ文化の中には、身体運動をともなうものが数多く含まれていたからである。

近世の江戸にも、身体を動かして楽しむスポーツがたくさん存在した。近世には全国各地に城下町としての都市が出現するが、とくに江戸では一八世紀中頃より庶民層が武士を上回る経済力を持ちはじめ、一九世紀には一〇〇万の人口を抱える歴史上最大規模の城下町が完成する。商工業を営む江戸庶民は、歳時や信仰にも包まれながら貨幣と引き換えにしたスポーツに熱中し、その消費行動は江戸経済を動かしていった(6)。

明治維新を迎え、「極東」に位置する日本も西洋と同じ時間を共有するようになった。すると、数量的な合理主義によって編み上げられた近代スポーツの波が、日本にも本格的に到達する。その時、西洋の運動競技を比較的スムーズに受け入れられたのは、江戸の人びとによって生み出され、高度に発達した日本的なスポーツの世界があったからではないか。日本人が近代スポーツを受け入れる土台を築いたのは、江戸のスポーツだったと言ってもよい。

前近代の日本のスポーツは、その定義を「遊び」にまで広げた方が、貴族、武士、庶民という各階層で営まれてきた伝統的なスポーツ文化を捉えやすい。しかし、本書では、あえて現代的な枠組みに近づけて、「身体運動」をともなうスポーツを中心に取り上げ、いきいきとした江戸人の姿を明るみに出してみたい。この新たな試みは、「日本人にとってスポーツとは何だったのか?」「日本人(日本)とは何なのか?」そもそも「スポーツとは何なのか?」という根本的な問いを解くヒントにもなる。明治以降の日本に覆いかぶさった近代スポーツというベールの内側には、日本的なスポーツの原風景が広がっている。

近世の江戸では、世界史上稀《まれ》に見る平和な時空間でスポーツの文化が花開いていた。そう考えると、オリンピック種目をはじめとする今日の競技スポーツは、気の遠くなるようなスポーツの長い歴史の中で、今のところ辿《たど》り着いた近現代的な進化形態に過ぎないのかもしれない。一〇〇年後、二〇〇年後の世界でも、現在世界を席巻しているような競技スポーツが変わらず「スポーツ界」の王座に君臨しているとは限らないのである。

ところで、江戸の人びとは、ここで問題にしたような定義や範囲を意識しながらスポーツを楽しんでいたわけではない。本書で取り扱う範囲を「身体運動」としたのも、あくまで筆者が意図的に講じた後付けの策である。だから、江戸人たちは時に堂々とスポーツ賭博をすれば、スポーツをしに来たふりをして女性を口説いたりもした。現代人の眼には不真面目に映るかもしれないが、江戸のスポーツとはそういう世界である。

まるでスポーツの語源を知っていたかのように、彼らはスポーツをしながら実によく遊んだ。とにかく、江戸はスポーツの宝庫である。

誰がスポーツを楽しんだのか

近世初頭、江戸のスポーツの主役は武士だった。いまだ経済力を持たなかった多くの庶民は、近隣の寺社まで歩いて参詣し、境内《けいだい》で演じられる見世物や芝居を見物するなど安価なスポーツに親しんでいた。この頃、夏の夜に男女が寄り集まって道端で踊り明かす盆踊りが流行し、元禄期《げんろくき》（一六八八〜一七〇四）にはピークを迎える。

この時代の江戸で存分にスポーツに陶酔できたのは、経済力のある一部の庶民に限られていた。しかし、一七世紀後半になると、木版印刷の技術革新によって一般庶民向けのかるたが大量生産されるなど(7)、上層のスポーツ文化が徐々に下降する兆しがみられる。

江戸開府から一五〇年ほどが経過すると、江戸生まれの江戸育ちの割合が次第に高まり、庶民は京坂とは趣の異なる都市生活を営むようになる。その自負から「江戸っ子」が誕生した。一八世紀後半以降、この江戸っ子気質が江戸のスポーツの世界を動かしていく。とくに、江戸っ子のボルテージを上げたのが天下祭である。江戸市中ではたくさんの祭礼が催されたが、江戸城内で将軍の上覧を仰ぐ天下祭は格別な公共スポーツイベントだった。町内対抗で山車《だし》の見栄えを競ったこの祭りでは、江戸っ子たちは町のプライドをかけて威勢よく練り歩いた。

近世中頃までの江戸庶民のスポーツは、武士の姿を追いかける傾向がみられた。各種の武芸はもちろんのこと、蹴鞠《けまり》、凧《たこ》揚げ、魚釣りの担い手は当初は武士だったが、そこに庶民が参入して次第に自らのスポーツとして取り込んでいく。庶民が相撲の力士を召し抱えてパトロンを演じるようになったのも、諸藩の大名と同様に上質なスポーツの楽しみ方を志向したあらわれだろう。やがて、江戸の町には庶民ならではのスポーツも散見されるようになった。今日にも伝わる腕相撲、指相撲をはじめ、首引《くびひき》、枕引《まくらひき》、すね押しといった力くらべは、江戸の庶民生活に根付いた簡易的なスポーツである。

文化・文政期（一八〇四〜三〇）になると、庶民層の経済力はすでに武士を圧倒していた。それまで上層庶民が担っていた文化は、この時期になって下層にも行き渡り、爛熟《らんじゅく》した化政文化が興隆する。この頃、江戸庶民の間では、経済力に物を言わせて伊勢詣《いせもうで》、富士詣《ふじもうで》、大山詣《おおやまもうで》など、遠くの土地まで歩いて往復する旅が大流行している。居住地域を飛び出して、見知らぬ土地を見聞して歩くこのスポーツは、いわば平和と豊かさの象徴だった。

江戸のスポーツは、大人だけの世界ではない。江戸庶民の生活が豊かになり、寺子屋にも通うようになった庶民の子女たちは、一方では身体を動かしてスポーツに熱中していた。江戸の子どもたちは、凧揚げ、独楽《こま》回し、破魔弓《はまゆみ》、竹馬はもちろん、毬杖《ぎっちょう》、お手玉、手鞠《てまり》、羽根つきといったボールゲームにもチャレンジした。ブームに乗って魚釣りをする子どもがいた形跡もある。さらには、印字打ち、雪打ち、かけくらべ、鬼ごっこなど運動量の多いスポーツも楽しまれていて、その活発さは大人顔負けである。

近世後期には、大衆芸能を演じるプロフェッショナルな芸人たちが江戸の町に多数出現する。「芸」を商品化した彼らは、身分や出自を問わず、大衆を唸《うな》らす高度な芸を生み出して高評価を得ることで世の中に名声を轟《とどろ》かすことができた。世襲制が支配した時代に、腕前次第でそれを合法的に超克できる実力勝負の自由競争社会が展開されていたのである。[8]

ただし、芸人たちの技術習得のプロセスは、今日のスポーツコーチングで推奨される手法とは異なる。徒弟制社会に身を投じた彼ら芸人は、師匠が演じる技を「見て盗む」ことで芸の極意をつかんでいた。江戸のスポーツを語る際には、一子相伝の技術伝承システムも見逃せない。

こうして習得した技は、見世物として江戸の人びとを魅了した。居合抜き、曲《きょく》鞠《まり》、曲馬《きょくば》、曲独楽《きょくごま》、軽業《かるわざ》など、寺社の境内や繁華街で演じられたダイナミックな曲芸は、勧進相撲などとともに「みるスポーツ」の裾野を形成していく。見物料を支払ってまで見たいと思わせる、ハイパフォーマンスな芸だけが生き残っていくシビアな世界だった。名人芸を一目見ようと、歴代の将軍が上覧しに来たこともある。

幕末には、江戸で大当たりを取った数名の芸人が海を渡った。慶応二（一八六六）年には曲独楽の松井源水、慶応三（一八六七）年には軽業師の早竹虎吉が渡米している。日本人アスリートの海外挑戦の歴史は、江戸の芸人によってすでに開拓されていたのである。

江戸のスポーツはどこからやってきたのか

冒頭でも触れたが、日本には古代以来のスポーツの伝統が存在する。古代のスポーツの主な担い手は、政治の実権を握る貴族だった。この時代は、西域で発達したスポーツ文化が中国や朝鮮半島を経由して日本列島に伝わったため、貴族は外来のスポーツにいち早く触れることになった。海路に乗って渡来したスポーツには、屋外のものとして蹴鞠《けまり》、打毬《だきゅう》、競渡《けいと》、鷹《たか》狩りなどが、室内のものとしては盤上遊戯や投壺《とうこ》などがある。

やがて、平安時代に武士が台頭しはじめると、貴族は屋外での活発な運動競技を敬遠し、優雅な室内遊戯の世界を選び採るようになっていった。これは、腕力を生き甲斐《がい》とする武士との一線を画した慎重な配慮でもあったと言われる。

中世には、武力で政権を掌握した武士たちがスポーツ文化の中心に躍り出る。東国の武士は西の貴族文化に対抗し、戦闘の手段として武術の作法やルールを整え、馬上三物《ばじょうみつもの》（流鏑馬《やぶさめ》、笠懸《かさがけ》、犬追物《いぬおうもの》）をはじめとする騎射《きしゃ》競技の伝統を確立した。しかし、武士は蹴鞠のような貴族的なスポーツも積極的にマスターしようとしたことを忘れてはならない。こうして、古代の貴族スポーツのいくつかは、中世の武士を通して継承されていった。農村を母体に出世してきた武士たちのスポーツは、根底に農村文化を抱えながら、尚武的な気風と公家社会の優雅さが重なり合って発展した特徴を持つ。(9) 古代以来のスポーツの伝統は、中世武士の手でさまざまな要素がミックスされて近世へと引き継がれていったのである。

近世になると、為政者の武士を尻目に経済力を手にした都市民たちが堂々とスポーツを楽しむ時代が訪れる。江戸では庶民層が新たに生み出したスポーツもあったが、古来より続く伝統的なスポーツを継承したものも多い。例えば、蹴鞠は古代の貴族、中世の武士、近世の都市民へと担い手を変えて受け継がれたスポーツの典型である。さらには、蹴鞠の変容形態として手鞠が誕生し（諸説あり）、近世には女児に親しまれるようにもなった。近世後期にかけては、武士に伝わる剣術を町道場で習う庶民が急増する。

近世は身分制の社会だったが、一般庶民は鞠を蹴ることによって雅《みやび》な貴族文化を追体験し、剣術を嗜《たしな》むことで武家文化を一時的でも我が物とすることができた。江戸のスポーツには、身分を乗り越えるボーダーレスな力も備わっていたと言えるのかもしれない。

江戸のスポーツには、古代に海外から伝来したスポーツも多い。例えば、子をとろことろ、投扇興《とうせんきょう》、独楽まわし、凧《たこ》揚げ、楊弓《ようきゅう》、打毬、毬杖、羽根つき、蹴鞠、軽業などは、元を辿《たど》れば中国大陸からの輸入品だと言われる。古代の貴族、中世の武士、そして近世に受け継がれたスポーツの伝統は、こうした外来スポーツを下敷きに発達したのである。

だからといって、海を越えて日本にやってきたスポーツが、そっくりそのまま時代を越えて伝承されたわけではない。それは、日本という外圧の極めて少ない環境に取り込まれ、日本特有の季節感、身体文化、美的表現などに包まれて時代とともに緩やかに変化していった。「風土」という側面から見ると、日本のスポーツは繊細、優雅、矮小化《わいしょうか》に特徴があったとする見解もある。(10)

中央アジアの遊牧民が生んだ騎馬球技は、シルクロードに乗って中国大陸経由で日本に辿り着き、古代には打毬として貴族文化に根付く。その後、中世の衰退を経て、近世には八代将軍吉宗の時代に打毬が復活するが、それはボールの操作法、ゴールの位置や形状など、古代の打毬とはスケールも見栄えも異なるスポーツだった。(11)

この武家打毬は諸藩にも伝播《でんぱ》し、近世後期には八戸《はちのへ》、山形、白河、桑名、三春、松代、

名古屋、福井、鯖江《さばえ》、和歌山、萩《はぎ》、徳島、高知、柳川《やながわ》などの各藩で行われていたと言う。(12)

シルクロードの終着駅の日本で、とあるスポーツが長い時間をかけて醗酵《はっこう》された結果、多少なりとも異なるスポーツに生まれ変わった事実は面白い。駅伝、軟式テニス、軟式野球などの誕生秘話を持ち出すまでもなく、外来スポーツに改良を加えて日本化することは、昔から日本人の得意技だったのである。

2―スポーツ都市　江戸

スポーツの日常化

江戸には、金銭を支払って楽しむスポーツが溢《あふ》れていた。とくに、勧進相撲をはじめ見物料を徴収する興行は、都市の膨大な人口や貨幣経済の進展を背景に成立した。江戸の都市化は、いつしか貨幣を仲介役として楽しむ都市型スポーツの誕生を促し、「する」だけではなく「みる」スポーツの伝統も確立していったと言えよう。

共同体のルール（農事暦）に支配されていた農民とは異なり、商工業を営む江戸庶民は市中に散在するスポーツを好きなように選びとることができた。近世後期に庶民が経済成長を見せると、その傾向はますます顕著になっていく。貧富の違いこそあれ、現金収入が得られた江戸庶民にとって、貨幣と引き換えにしたスポーツの普及は実に都合がよかったのである。だからといって、彼らはスポーツに没頭し過ぎて身を滅ぼすことはなかった。そこには、「稼いで遊ぶ」という勤労中心の観念が根付いていた[13]。

ところで、江戸庶民の生活に経済的なゆとりがあっても、そこに時間的なゆとりがなければスポーツの世界に身を投じることはできない。幕末期の訪日外国人の見聞録を手掛かりに、江戸庶民の余暇の実際に見当をつけてみたい。

文久三（一八六三）年に日本を訪れたスイス人のアンベールは、江戸庶民の休日の観念を次のように書き留めた。すなわち、江戸には数日間働いた後に必ず休日が一日回ってくるような「行き届いた制度」は何もなく、「月ごとに祭日があるが、労働階級にはあまり縁のないものである。けれども年のはじめには、一週間続けて休みがある。」のだと言う[14]。

これを読むと、幕末の江戸庶民には年始の数日間しか仕事を休む余裕がなかったかのようにも思えてくるが、アンベールは西洋人と日本人の休日観の差異を指摘したに過ぎない。キリスト教文明に生きる西洋人には安息日としての週休が与えられていたのに対して、江戸庶民には定期的な休日はなかったことを暗示しているのである。それでなくても、火災の頻発により定住が難しく、絶えず人が住みかわっていく江戸の町では、庶民は「個的存在」だった[15]。

近世の農村社会では、「遊び日」や「休み日」と呼ばれた共同体としての休日が農事暦に組み込まれていたが、都市の商工人はそのように休日を取ることはなかった。それこそ、江戸の住民が一斉に仕事を休む機会は、アンベールがいうように年始の数日間に限られていたのである。しかし、江戸庶民は年中休まずに働いていたわけではない。彼らの休日の取り方は、職業上の縛りはあっても基本的には個人の自由に任されていた。[16]

安政六（一八五九）年に来日したイギリス人のオールコックは、「まったく日本人は、一般に生活とか労働をたいへんのんきに考えているらしく、なにか珍しいものを見るためには、たちどころに大群衆が集まってくる。[17]」との見聞を記録した。その西洋的（近代的）な眼差しは、工業化以前の労働の特質を鮮明に浮き彫りにしている。

近代工業の確立とともに発生した時間と引き換えの計画的な賃金労働は、近世の日本ではいまだ知られざる観念だった。[18] 西洋的な賃金労働は「定時法」の時間観念を前提とするが、太陽の位置を基準とした日本の「不定時法」の社会では、そのような労働観は根付くはずもなかったのである。

アンベールは「江戸には、現に二つの社会が存している次第で、一つは武装した特権階級で広い城塞の中に閉じ込められており、もう一つは、武器は取り上げられ、前者に屈服させられているが、自由から得られる利益をすべて受けているらしい。[19]」と述べた。こうしてオールコックやアンベールの見聞録を読むと、江戸庶民は休みたい時に気儘《きまま》に休み、スポーツをする自由を持っていたという実情が浮かび上がってくる。

また、アンベールの「祭礼から祭礼へと、江戸の庶民はあわただしく暮らしているが、その間にも、数多い娯楽や遊びを考え出している。定期的なものもあれば、年中休みなくやっているものもある。[20]」との記録からも、江戸庶民は日常的にスポーツに触れる機会に恵まれていたと考えてよい。近世後期以降の江戸では、スポーツが日常化していたのである。

スポーツのビジネス化

江戸のスポーツビジネスとして最たるものは勧進相撲興行である。当時の勧進相撲は、都市の大規模な人口を背景に江戸、京都、大坂で興行が打たれていたが、一〇〇万の人口を抱える江戸の興行が最大規模だった。勧進相撲では、毎回の興行の度に寺社の境内《けいだい》に仮設の相撲小屋が建てられていたが、そこには客席として桟敷《さじき》と土間が設けられ、飲食物も販売されるなど、見事なまでのスポーツ観戦の空間づくりがなされていた。

近世には、印刷技術の発達によって人気力士のカラー印刷のブロマイド（錦絵）が多数出回るなど、相撲関連のグッズ販売ビジネスも賑《にぎ》わいをみせる。毎回の興行にあたっては相撲番付が発行されたが、これを代々一社で独占的に請け負っていた板元《はんもと》が三河屋治右衛門だった。番付の発行部数や価格帯は不明で、板元が手にした利益も定かではない。しかし、番付が出場力士名と序列を示すだけでなく、江戸市中の不特定多数の人びとに向けて興行の開催を告知するために刷られていたことは想像がつく。

幕末期になると、江戸の力士が地方農村に出向き、そこで相撲を披露することが度々行われるなど、都市型のスポーツビジネスの波は地方にまで及んでいく。

「するスポーツ」にも産業化の波が押し寄せる。江戸庶民の間で流行した楊弓《ようきゅう》では、年に一度、江戸中のナンバーワンを決める競技会が開催されていた。この大会は、矢場《やば》（楊弓の競技場）の経営陣が一丸となって江戸庶民の競争熱を煽《あお》り、楊弓の人気を獲得するための方策でもあった。楊弓そのものの魅力もさることながら、矢場の裏側では公然と売春が行われた事実もある。この表裏一体をビジネス戦略だと見なせば、矢場の経営者は時代が許容する範囲で優れた手腕を発揮していたことになろう。

物体の操作を前提とするスポーツでは、用具が必要だった。しかし、江戸の人びとの多くは自ら高性能のスポーツ用具を作り出すことはできない。したがって、江戸のスポーツは、用具の製造を請け負う専門職の存在なくしては成立しなかったことになろう。蹴鞠《けまり》を引き合いに出してみると、鞠の製造を専門とする「鞠括り《まりくく》」や、鞠沓《まりぐつ》（蹴鞠の専用シューズ）を作る「沓造り《くつつく》」と呼ばれた職人たちが江戸の街路に店を構えていた。

三十三間堂の通し矢競技も、江戸のスポーツビジネスの早い例である。京都の三十三間堂を模して江戸にも建立しようと動いた仕掛け人は、何と弓職人だった。競技会が開催され、そこに勝敗が争われる以上、より高度なパフォーマンスを目指す競技者や彼らを召し抱えたパトロンたちは良質の弓矢を求めるようになる。その要望に答えたのが、用具製造業者の職人たちだった。弓の製造を請け負った職人は「弓作《ゆみつくり》」、矢を製造する職人は「矢細工《やさいく》」と呼ばれた。製造販売業だけではなく、定期的な弓のメンテナンスを職能とする「弓だめし」という職人も存在した。

スポーツ用具ビジネスの発達が、江戸のスポーツ文化を裏方で支えていたのである。

スポーツとギャンブル

江戸のスポーツのビジネス化は、ギャンブルと切り離して考えることは難しい。賭博の匂いを嗅ぎつけた人びとがスポーツの場に集い、勝敗の行方に厳しい目線を投げかけたことが、競技者のパフォーマンス向上はもちろん用具の改良や流通をも後押ししたと考えられるからである。

賭博の蔓延《まんえん》は、ビジネスの成立に不可欠な多額の資金を落とすことにも繋がった。賭博の収益がスポーツの場に回されていたかどうかは定かではないが、観客動員に大きく貢献したことは間違いない。テレビも電話もインターネットもない時代、勝敗の結果をいち早く知るためには、スポーツの会場に来るよりほかはなかったからである。

江戸で発達したスペクテイタースポーツと言えば勧進相撲だが、力士の勝敗は間違いなく賭博の対象になっていた。幕末の江戸風俗の回想録には、「場の内外にて勝負の賭は盛んなものでした[21]」という証言が残されている。
　アンベールも幕末の勧進相撲とギャンブルの関係を見逃さず、以下のように書き綴《つづ》った。

「相撲競技は、まさしく日本民衆にもっとも古くから愛好されている娯楽に違いない。だが、日本人の好むいろいろな見世物の魅力の中には、賭がその大きな部分を占めているからこそ熱狂することを見逃すわけにはゆかない。日本人には競馬の制度がないが、その代り、力士の部族がつくった集団と集団〔東の方西の方―訳者注〕の間で行なわれる競技の勝負に賭けることを考え出した。[22]」

　勧進相撲の賭博の賭け金は不明だが、少額でも参加できるものだったなら、中下層の江戸庶民の中にも相撲の勝敗を賭博と絡めて楽しんだ者は多数いたと考えてよい。

こうして、競技性をともなうスポーツは大半が賭け事の対象となった。本書に掲載したスポーツに限っても、相撲、投扇興、楊弓《ようきゅう》、吹矢、穴一《あないち》、独楽などはギャンブルと結びついている。勝負を見守る観客が賭けるタイプから、競技者自らがこぢんまりとギャンブルを楽しむものまで、実に幅広いスポーツ賭博の世界が広がっていた。

当然、賭博をともなうスポーツは何度も幕府の取締りを受け、江戸では一七世紀後半から賭け事に対する禁令が増加している。(23) 禁令の頻出は、江戸の住人たちの賭博熱が凄まじかったことを物語る。

江戸のスポーツは、ギャンブルの存在を抜きにして語ることはできない。日本人がスポーツと賭博の関係を罪悪視するようになったのは、およそ明治以降のことである。

3—江戸のスポーツの時代的特徴

歳時と信仰——建前と本音

江戸のスポーツは、年中行事の中にも姿をあらわしていた。夏の盆踊りや季節ごとの祭礼はその典型である。千住大橋で隅田川を境に地区対抗で争われた綱引きも、毎年六月九日に開催された夏のスポーツイベントだった。とくに、子どもは正月の凧《たこ》揚げや羽根つき、端午の節句の菖蒲《しょうぶ》打ちなど、歳時と結びついたスポーツを楽しんでいる。年中行事ではないが、雪の玉をぶつけ合う雪打ちなど季節限定のスポーツもあった。

大人が日帰りで自然との触れ合いを楽しむ行楽も、四季の移り変わりと大いに関係があった。山開きの時期を待って集団で旅立った富士登山なども同様である。

　ところで、封建制下にあって、江戸庶民のスポーツには時として名目上の理由が必要とされたが、その大義名分となったのが寺社への信仰である。勧進相撲は回向《えこう》院《いん》をはじめ寺社境内《けいだい》に仮設小屋を建設して開催されたが、その興行は寺社修復の資金調達を名目に許可されている。また、力石《ちからいし》、楊弓《ようきゅう》、そして見世物として行われた各種の曲芸も、人が集まる寺社の境内をプレーグラウンドにした場合が多く、やはり信仰と切り離すことはできない。神に奉納する祭礼も概ねこのタイプに含み入れてよい。

　伊勢詣《いせもうで》など、遠隔地への徒歩旅行は寺社への参詣を理由にすれば手形（往来手形、関所手形）が発行され、庶民はこれ見よがしに日本周遊の旅を堂々と敢行している。江戸の国学者の喜多村信節《きたむらのぶよ》は、当時の旅の傾向として「神仏に参るは傍らにて、遊楽をむねとす。(24)」と書き綴《つづ》った。実のところ旅人の目的は、寺社への信仰心というよりは、むしろ歩きながら道中の異文化世界に触れて楽しむことに向けられていたようである。

このように、信仰を隠れ蓑《みの》にしてスポーツを楽しむことが、江戸庶民の間では常態化していた。言い換えれば、世俗的な空気を漂わせる江戸のスポーツだが、そこにはしっかりと聖なる信仰が横たわっていたことにもなる。

建前としては信仰を口実にして、本音としてはスポーツを目いっぱいに楽しむ。現代人にはなかなか理解しがたい、江戸のスポーツの姿である。

泰平の世の中——殺しの技からスポーツへ

近世後期には、江戸のスポーツは最盛期を迎えた。それは、江戸庶民が大きく経済力を伸ばしたことと関係が深い。江戸のスポーツの特徴は、「する」にせよ「みる」にせよ、貨幣を介した都市型の享受スタイルにあったからである。

しかし、この時期にスポーツが活性化した理由を、彼らの経済成長だけに求めるわけにはいかない。江戸後期の随筆『嬉遊笑覧《きゆうしょうらん》』の序文には、身分を問わず上層から下層まですべての人びとが遊び事を楽しめるようになったのは、「無事之時」すなわち平和が到来したからだと記されている。(25)長きにわたる泰平の世の中が、江戸庶民がスポーツに没頭できる環境を保障していたのである。

社会の安定に最も影響を受けたのは、武士に必須の教養だった各種の兵法であろう。戦乱が続いた時代、武術は敵を殺すための兵法だった。命がけの戦闘では理論にもとづく技術は大した意味をなさず、殺した側が「勝者」だったことは言うまでもない。

やがて、寛文《かんぶん》（一六六一～七三）頃までに世の中が平和になり大きな戦乱から遠ざかると、兵法は型をともなう芸の道を歩み、その存在意義も技術も大きく変化した。武術の腕前や商才に長けた者たちが多岐にわたる流派を形成し、武器を用いながら、しかも人を殺すことなく勝敗を争う方法が創案されたのである。(26)一八世紀初頭、八代将軍の徳川吉宗《よしむね》が馬術をはじめとする武芸を盛んに奨励するが、これは戦乱を知らない武士たちを引き締めるための政策で、むしろ持続的な平和の表れでもあった。こうして、新時代に命脈を保つ手段として、兵法のスポーツ化が推し進められていく。

剣術を例に取れば、竹刀《しない》や防具の登場により安全に稽古ができるようになると、幕末期にかけて江戸の一般庶民の中にも町の剣術道場に通う者が出現した。泰平の世の実現は、武士の殺しの技だった兵法の変革を促し、さらには庶民にも手の届くスポーツへと導いていったと言えよう。

弓術も同様にスポーツ化していく。江戸深川の三十三間堂では弓の天下一を決める通し矢競技が開催されていた。流派ごとに秘術が非公開だった時代、開かれたチャンピオンシップの存在は今日のスポーツ競技会を思わせる。平和になって実用性を失った兵法としての弓術は、戦場での殺傷能力よりも、的を射抜く技量を競うスポーツの道を歩んでいったのである。江戸の三十三間堂の建立を発案したのは弓職人だったが、彼らの読みは見事に的中した。通し矢競技は雄藩の対抗意識を刺激し、高性能の弓は飛ぶように売れたという。時代の流れを敏感に察知して競技化を推し進めたこの出来事は、兵法がスポーツ化していく比較的早い例だった。

幕末期になり、欧米列強国によって平和が脅かされはじめると、スポーツ界もこれに反応せずにはいられなかった。外圧から身を守るために、日本列島の沿岸各地では水術流派による泳ぎの訓練が以前よりもクローズアップされる。また、黒船の衝撃を目の当たりにした江戸では、幕府が旗本や御家人の軍事修練所（講武所）を設け、槍術《そうじゅつ》や剣術の武芸訓練に加えて、洋式砲術の訓練も行うようになった。江戸から遠く離れた安中《あんなか》藩（群馬県安中市）では、有事に備えた藩士の鍛錬のために長距離レースが開催されている。

迫る明治維新の足音が、スポーツのあり様にも影響を与えていたと言えよう。

江戸のスポーツにみる近代の胎動

江戸のスポーツは、前近代の空気感を身にまといながらも、来たる近代を思わせるような近未来感を備えていた。ここで試みに、江戸のスポーツを近代スポーツと照らし合わせ、表面的ながらも考察を進めてみたい。

アレン・グットマンは近代スポーツを特徴づけるメルクマールとして、世俗性、平等性、官僚化、専門化、合理化、数量化、記録への固執の七点を提示した。[27] グットマンは、こうした特質をフレームワークとして用いることで「近代スポーツ」と「伝統社会の身体競技」を図式的に対比して区別できると考えたようである。

本書で取り上げる江戸のスポーツの多くは、聖的なものから離れた「世俗性」を帯びていた。遠隔地への旅は聖なる巡礼としての側面もあったものの、江戸庶民は神社仏閣への信仰を建前としながら道中の異文化に触れて遊ぶ巧みなバランス感覚を持ち合わせていた。信仰や歳時風俗といった聖的なベールが、都市ならではの露骨な世俗性を包み込んで江戸のスポーツの世界を創出していたのである。

江戸のスポーツには、誰しもが同じ条件で競技に参加できる「平等性」を見越した仕掛けはあっただろうか。例えば、武士と同じフィールドで庶民が騎馬打毬《だきゅう》の試合をすることは難しかったかもしれないが、蹴鞠《けまり》をはじめ上層スポーツ文化を庶民が取り込むようになった事実はある。また、平等性を担保する共通ルールなら確認可能である。打毬や蹴鞠など複数人でのボールゲームや、楊弓《ようきゅう》や通し矢の競技会、勧進相撲の興行は、参加者間の共通ルールなしには成り立たないからである。ただし、江戸のスポーツでいうルールとは、近代スポーツが意図するような共通ルールとは必ずしもイコールではなかった。江戸の子どもたちの「かけくらべ」と、オリンピック競技大会のトラック競技とは、そのルールの厳密性から見ても明らかに異なることは言うまでもない。

ところで、通し矢の競技会や勧進相撲は藩同士の対抗意識を燃料に活性化するが、この時代の日本に小さなナショナリズムが芽生えていたことは興味深い。オリンピックにしても、国や地域別の参加方式を採用したことで人気と活力を得た歴史を持つからである。

剣術を含む武芸の類なら、流派や家元制度の存在から支配的な「官僚化」の兆しが見られる。前述した弓の競技会の裏側には、大会を運営する統括組織があったことがうかがえよう。また、勧進相撲を取り仕切った相撲会所《すもうかいしょ》（現在の日本相撲協会）は、江戸のスポーツの管理・運営組織として最たるものである。

江戸のスポーツの中にプレーヤーの役割・ポジションといった意味での「専門化」を明確に拾い上げることは難しい。勧進相撲は力士のほかに行司、呼出、検査役などによって取り組みが成立していたが、その役割分担は近代スポーツでいうポジションとは大きく異なる。

「合理化」については、グットマンが意図する「最新の技術を駆使した用具」の存在が確かめられる。剣術の世界では、平和社会の進展にともない真剣の出番がほぼなくなったが、竹刀《しない》や防具の登場が遠慮なく相手に斬りかかれるトレーニングの形態（打ち込み稽古）を生み出した。また、職人が腕によりをかけて製造する最新鋭の弓矢は、競技会で上位進出を目論むプレーヤー、そして彼らを召し抱える雄藩の権力者を裏方で支えていた。ただし、江戸の人びとが技量や体力を高めようとする方法が、近代スポーツに見られるような「合理的」なトレーニングに当てはまるかどうかは疑わしい。伊勢詣《いせもうで》の旅人は、一日に四〇㎞近い距離を何ヵ月間も歩き通したが、彼らが事前に長距離歩行に備えてトレーニングをした形跡は見当たらない。[28]

投扇興や通し矢、楊弓、力石、各種のボールゲームは、パフォーマンスを「数量化」することで勝敗が決まる。数量がゲームの行く末を左右するスポーツには「記録への固執」がつきものだった。力石のように、優勝者が挙上した石を境内《けいだい》に奉納する仕組みであればなおさらである。

このように、グットマンが示したフレームと照合してみると、江戸のスポーツには近代スポーツの特質がある程度は確かめられることがわかる。だからといって、近世の江戸に西洋由来の近代スポーツに類するものが存在したと強引に主張するわけではない。江戸庶民の生活の中に、前近代の匂いを消し去った純然たる近代的なスポーツの世界は存在しなかったし、近代化以降の価値基準をそれ以前の時代に当てはめて論じること自体、大した意味をなさないかもしれないからである。

それでもなお、江戸のスポーツの中に、近代スポーツのメルクマールが確かめられる点は注目されてよい。近代的な尺度でみても、江戸には立派な「スポーツ」の世界が広がっていたのである。近代的なスポーツの時代への移行を下支えする要素は、すでに近世の江戸に芽生えていたと言えるのではないか。

スポーツ技術史的に見ても、日本人が近代スポーツを本格的に受容する素地は、近世の間にある程度は整えられていた可能性がある。この時代に発達したスポーツ技術の伝統は、明治以降に全く途絶えてしまったわけではない。能島流《のしまりゅう》という水術流派が育んだ泳ぎの技法は、近代になると浜寺水練学校（大阪府堺《さかい》市）に継承され、後にアメリカ発祥のシンクロ競技（現在のアーティスティックスイミング）を我が国にスムーズに取り入れて日本を一躍強豪国へと押し上げる要因にもなった。近世に発達したスポーツの中には、西洋の運動文化と類似した技術的特徴を備えたものもあったことを示す一つの事例である。

しかしながら、江戸のスポーツは、はじめからグットマンが示したような枠組みに適合していたわけではない。古代、中世を貫いて近世まで辿《たど》り着いた伝統的なスポーツ文化は、さらに長い時間をかけて、江戸という都市の住民たちによって新たな時代に適う代物へと繰り返し再編されてきたのである。西洋社会で試みられた伝統的なスポーツの「近代化」は、遠く日本の地でも行われていたことにもなろうか。

4——本書の枠組み

本書には、近世の江戸で行われていた身体運動をともなうスポーツを収載した。その主役は江戸の一般庶民だが、武士が積極的に担ったスポーツも含まれている。

本書では、一七世紀、一八世紀、一九世紀などと時代を追いかける方法ではなく、運動形態を意識した分類を試みた。江戸のスポーツを大きく「全身を使う」「用具を使う」「力と技と頭を使う」の三つに分類し、その下位には運動の形態や方法を考慮した区分を設けている。また、明確な身体運動をともなわないスポーツも、「知恵くらべのスポーツ」として一部拾い上げた。それは、今日において、身体運動ではなく、記憶能力や判断能力など脳の身体能力を駆使して競う「マインドスポーツ」という分野が確立されつつあることによる。

それぞれの項目には、多数の絵画史料を掲載した。あまり馴染《なじ》みのない時代の身体文化を伝えるには、ビジュアルな側面から訴えかけることが必要だと考えたからである。当時のスポーツ現場を撮影した写真や動画があれば話が早いが、近世にはそのような文明の利器を期待することはできない。

どうか、文章と絵画を照らし合わせて、大いに想像を膨らませながら江戸のスポーツの世界に触れていただきたい。

【引用文献】

（1）岸野雄三「スポーツ科学とは何か」『スポーツの科学的原理』大修館書店、一九七七年、八一頁。
（2）岸野雄三「日本人の遊び」『新体育』四三巻八号、一九七三年、一五頁。
（3）ジレ著、近藤等訳『スポーツの歴史』白水社、一九五二年、一七頁。
（4）「スポーツ基本法」（平成二十三年法律第七十八号）前文。
（5）文部科学省「第2期スポーツ基本計画」二〇一七年、三頁。
（6）安藤優一郎『娯楽都市・江戸の誘惑』PHP研究所、二〇〇九年、二〇三頁。
（7）増川宏一『日本遊戯史』平凡社、二〇一二年、一五四～一五五頁。
（8）西山松之助「近世芸道思想の特質とその展開」『近世芸道論』岩波書店、一九七二年、六〇八～六一〇頁。
（9）岸野雄三「日本中世のレクリエーション」『レクリエーションの文化史』不昧堂出版、一九七二年、一一二～一一三頁。
（10）岸野雄三「日本的スポーツ風土の体育史的考察」『新体育』四六巻四号、一九七六年、二二頁。
（11）岸野雄三「日本のスポーツと日本人のスポーツ観」『体育の科学』一八巻一号、一九六八年、一四頁。
（12）渡辺融「江戸時代の武家打毬」『騎馬打毬』霞会館、二〇〇九年、八〇頁。
（13）岸野雄三「日本近世のレクリエーション」『レクリエーションの文化史』不昧堂出版、一九七二年、一三八～一四〇頁。
（14）アンベール「幕末日本図絵」高橋邦太郎訳『アンベール幕末日本図絵 下』雄松堂出版、一九七〇年、一〇七頁。
（15）西山松之助『江戸ッ子』吉川弘文館、一九八〇年、一一七頁。

(16)宮田登『江戸歳時記』吉川弘文館、一九八一年、一三頁。
(17)オールコック「大君の都」山口光朔訳『大君の都 幕末日本滞在記 中』岩波書店、一九七八年、三九七頁。
(18)渡辺京二『逝きし世の面影』平凡社、二〇〇五年、二三八頁。
(19)アンベール「幕末日本図絵」高橋邦太郎訳『アンベール幕末日本図絵 上』雄松堂出版、一九六九年、二九四頁。
(20)アンベール「幕末日本図絵」高橋邦太郎訳『アンベール幕末日本図絵 下』雄松堂出版、一九七〇年、一八七頁。
(21)高砂屋浦舟『江戸の夕映』紅葉堂、一九二二年、九〇頁。
(22)アンベール「幕末日本図絵」高橋邦太郎訳『アンベール幕末日本図絵 下』雄松堂出版、一九七〇年、一五七〜一五八頁。
(23)谷釜尋徳「禁令にみる江戸庶民の娯楽活動の実際」『運動とスポーツの科学』一四巻一号、二〇〇八年、一〇五頁。
(24)喜多村信節「嬉遊笑覧」『嬉遊笑覧(三)』岩波書店、二〇〇四年、三八一頁。
(25)喜多村信節「嬉遊笑覧」『嬉遊笑覧(一)』岩波書店、二〇〇二年、一三頁。
(26)西山松之助「近世芸道思想の特質とその展開」『近世芸道論』岩波書店、一九七二年、六〇〇頁。
(27)グットマン著、谷川稔・石井昌幸・池田恵子・石井芳枝訳『スポーツと帝国——近代スポーツと文化帝国主義』昭和堂、一九九七年、三〜四頁。
(28)谷釜尋徳『歩く江戸の旅人たち——スポーツ史から見た「お伊勢参り」』晃洋書房、二〇二〇年、一九七頁。

第I部

全身を使う

江戸には、物体の操作をほとんどともなわないシンプルなスポーツが存在した。いわば「全身を使う」スポーツである。ここでカテゴライズしたスポーツに用具がまったく必要なかったわけではないが、弓術や剣術、ボールゲームのように、用具の使用が競技成立の前提になっていたスポーツとは大きく異なる。

「走る」ことをメインに競い合うスポーツに、かけくらべがある。また、競走系ではないが、「子をとろことろ」をはじめとする鬼ごっこは、鬼から身をかわす手段として走運動がたびたび出現した。江戸の範囲を出るが、幕末の安中《あんなか》藩（群馬県安中市）で実施された長距離レースも、近世のスポーツ史を彩る貴重な時代の記録である。安中藩士は、まるで箱根駅伝のように中山道《なかせんどう》の急勾配の難所（碓氷《うすい》峠）を疾走し、有事に備えて鍛錬した。

江戸庶民の間では、「歩く」スポーツが普及していた。花見など、四季の移ろいを追いかけて、日帰りできる行楽地まで歩いて往復するタイプもあれば、数週間から数ヶ月間におよんで各地の寺社を巡る長距離徒歩旅行もある。旅人にとって、歩くことは競争ではなくあくまで移動手段だったが、旅の道中に広がる異文化世界の魅力が、彼らの足取りを軽やかにした。また、江戸市中を山車《だし》や神輿《みこし》とともに練り歩く祭礼も、歩くスポーツのひとつである。

全身を躍動させて「踊る」スポーツもあった。庶民が夏の夜に集団で踊り明かす盆踊りは若い男女の社交場として人気を集め、江戸の街路を集団で踊りながら歩き回る住吉踊りは一種の見世物として人びとを楽しませた。また、時に勇壮に、時にしなやかに踊って演じる歌舞伎芝居は、現代にも続く壮大なエンターテインメントの世界を築き上げていく。

第1章

走る【はし-る】

1 短距離
2 長距離

1 短距離

【かけくらべ】

競走系のスポーツとして、近世の江戸にも「かけくらべ」が存在した。主に子どもを担い手として、どちらが速く走れるかを競うものである。今日のようにタイムの計測機器がなかったため、同時にスタートして先着者を勝ちとした。かけくらべには「回りっくら」という種類もあった。町内一周など走路を決めて起点

図1　子どものかけくらべの様子
（『友寿々女美知具佐数語呂久』）

万延元（1860）年刊行の絵双六『友寿々女美知具佐数語呂久』に描かれた子どもの「かけくら」（かけくらべ）である。奥の子どもは草履だが、手前の子どもは素足で走っている。また、両者ともに着物をたくし上げていることから、日本の着物や履物は走行運動には不向きだったことがうかがえる。

から左右に分かれて走り、どちらが早く一周して戻るかを競ったという。

いずれも、どちらが速いかを決める単純なレースだったが、近世には今日の陸上競技のように走力そのものを競うスポーツは意外にも発達していなかった。演劇評論家の武智鉄二《たけちてつじ》によると、近世の日本では「走る」という運動は特殊技能で、走力が要求される職業（飛脚、駕籠《かご》かき、天秤棒《てんびんぼう》担ぎなど）に就く者だけが習得した身体技法だったらしい（『伝統と断絶』）。

走力を競うスポーツが発達しなかった理由は、おそらく服装とも関係がある。江戸庶民の普段着は長着に草履《ぞうり》だったが、動きを妨げない洋装と違

図2　飛脚の走行場面
（『東海道五十三次』）

歌川広重が描いた飛脚の走行場面である。演劇評論家の武智鉄二によると、飛脚の走法は、現代人のように左右の足を前に大きく踏み出したり、腕を前後に振って反動をつけたり、遠心力を利用してカーブを曲がるような動作は見られなかったという（『伝統と断絶』）。

って、和装ではとても全速力で走ることは難しかったからである。天正一〇（一五八二）年に渡欧した天正遣欧使節の一人、千々石《ちぢわ》ミゲルは、ヨーロッパの服装（洋装）について、「実際よく考えてみると、この服装から生じる利益は多い。第一、体のいかなる動作もこれに妨げられるということがない。」（『天正遣欧使節記』）との感想を抱いたという。もっとも、この文献は使節の記録に基づいてイエズス会が編集した創作だが、感覚的に和装よりも洋装の方が動きやすいと考えられた点に注目したい。

だからこそ、長距離を毎日歩く旅人は着物をたくし上げ、足と台座が固定された草鞋《わらじ》を履く

図3　旅人の服装（『伊勢参宮名所図会』）

街道沿いの宿場で、旅人と現地の人びとの間にトラブルが発生している場面が描かれているが、ここでは両者の服装の違いに注目したい。長距離を毎日のように歩く旅人の服装は、現地で日常生活を送る人びとよりも動きやすい工夫が施されていることがわかる。絵の中央で親分に指示されて小走りで旅人を追いかける男を見ると、長着が邪魔になって左手でたくし上げている。普段着の和装がいかに走行の妨げになっていたのかが透けて見えてくる。

など、動きやすい工夫をしたうえで旅立った。仮に江戸の人びとが走力を競おうと思えば、ここまで大掛かりなユニフォームを身にまとわなければならなかったのである。

もっと根本的な部分で、歩行や走行に関する習性の問題もあったかもしれない。一九世紀末に来日したモースは、東京で町行く人びとを見て、「反射運動というようなものは見られず、我々が即座に飛びのくような場合にも、彼等はぼんやりした形でのろのろと横に寄る。日本人はこんなことにかけては誠に遅く、我々の素速い動作に吃驚《びっくり》する。」（『日本その日その日』）と記録した。

近代以前の日本の服装文化と合わせてモースの観察記録を読むと、西洋由来の陸上競技のような「走る」という運動は、近世までの日本人には縁遠いスポーツだったようにも思えてくる。

【鬼《おに》ごっこ】

近世には、子どもの遊びとして数多くの鬼ごっこが存在した。鬼に捕まったらアウトというルール設定の場合、追いかける鬼も、逃げる側も、スピードやフットワークが要求された。

日本に古くから伝わる鬼ごっこに、「子をとろことろ」がある。鬼が子を捕まえる遊びで、一人が鬼役、一人が親役、他の者たちは子役となり、親を先頭に、その後ろに子が前者の腰をつかんで縦列を形成した。親に対面する鬼は、両手を広げて子を守る親のガードをくぐり抜け、列の最後尾の子にタッチするルールだった。鬼

図1　子をとろことろの原形となった比比丘女（『骨董集』）

『骨董集』に載せられた比比丘女のイラストである。地獄から罪人を救い出そうとする地蔵菩薩を先頭に罪人が連なり、それを鬼が奪い返そうとする仏教説話だという。これが近世には子をとろことろをはじめ、多くの鬼ごっこの原形になった。

から逃げるためには、親に続く子役たちが鬼の回ってくる方と反対側に列を動かしていくステップワークも不可欠である。まるで車のワイパーのようにして、親を起点に列が左右する。当然、鬼はフェイントをかけつつも最後尾に辿《たど》りつくために駆け回らなければならない。

江戸では「子をとろことろ」として親しまれたこの鬼ごっこは、京坂では「ちうりや取てくりや」と称された。江戸の遊び方は、鬼が「こをとろことろ」と発すると、親が「さあとつてみさいな」

と返す問答の後に攻防がスタートする慣わしである（『守貞漫稿《もりさだまんこう》』）。

子をとろことろの歴史を遡ると、平安時代中期に創られた比比丘女《ひひくめ》に辿りつく。罪人（子）を救おうとする地蔵菩薩《ぼさつ》（親）の悲願と、罪人を取り戻そうとする地獄の獄卒《ごくそつ》（鬼）の行動を示すもので、地蔵を先頭に罪人が列を作る形式だった（『骨《こっ》董《とう》集《しゅう》』）。ただし、同類の遊びが世界に広く分布しているため、古代に海外から日本にもたらされた子取り遊びが、仏教の民衆教化と結びついて比比丘女と呼ばれるようになった可能性もあるという。

図2　子をとろことろ
（『守貞漫稿』）

『守貞漫稿』に掲載された江戸の子をとろことろである。親を先頭に子役たちが列を形成し、鬼は親のガードをかいくぐって最後尾の子をタッチすることを目指した。列が切れないように、前の者の腰帯をつかんでいることがわかる。

図3 子をとろことろ（『新板子供あそび』）

同じく、子をとろことろを楽しむ様子である。鬼が動くのに合わせて、親の後ろに繋がる子役たちは列を左右に移動させた。列を分断せずに鬼から逃げ回る巧みなステップワークとチームワークが要求された。

図4 鬼ごっこ（『子供遊びづくし』）

江戸には、1人の鬼が周囲の者を捕まえるスタンダードな鬼ごっこがすでに存在した。鬼を囃《はや》し立てながら逃げ回るのが通常のスタイルである。鬼に捕まらないように、2点間を連続的に移動する形態もあった。この絵では、3人の子どもが、鬼をからかいながら駆け回っているように見える。

『守貞漫稿』には、比比丘女に端を発する江戸の遊びとして、子をとろことろの他に「鬼ごこ」（鬼ごっこ）が紹介されている。一人が鬼となり、その他の周囲に逃げ回る子どもを追いかけ、鬼にタッチされた者は鬼を交代する。鬼を次々と譲り渡していくため、「鬼渡し」とも呼ばれた。逃げる者は鬼の名前を呼び「〇〇さんの鬼は、こわくもないぞ」と囃《はや》し立てながら走り回ったらしい。

江戸の鬼ごっこの別形態として、鬼が路上に立ち、両側の軒下にいる児童が、鬼に捕まらないようにタイミングを見計らって、それぞれ反対側の軒下に走り移るものもあった。同じく、捕まったら鬼を譲り渡すルールである。鬼：「むかうのおばさん、ちよつとおいで」、その他：「おにがこわくて、ゆかれません」、鬼：「そんなら、むかひにまいりましよ」という問答の後に攻防がはじまった（『守貞漫稿』）。

いずれも、本気で攻防を繰り広げると、かなりの運動量が必要な「走るスポーツ」だつた。

2 長距離

【遠足《とおあし》】

日本で最初の長距離レースは、安中藩《あんなか》（群馬県安中市）の藩士たちによる「安《あん》政遠足《せいとおあし》」だと言われている。安政二（一八五五）年、時の安中藩主だった板倉勝《いたくらかつ》明《あきら》が、藩士たちの身体鍛錬のために、安中城から碓氷《うすい》峠の熊野権現《くまのごんげん》までの急峻《きゅうしゅん》な中山道中《なかせんどう》（約二九㎞）を走破するよう命じたことに端を発する。欧米列強から開

図１　安政遠足の難所となった刎石山（『木曾海道六十九次』）

安政遠足は標高差が1000mにもなる急勾配なコース取りになっていた。このコースには、英泉の『木曾海道六十九次』にも描かれた「刎石山《はねいしやま》」をはじめ、たくさんの難所が待ち受けていた。

国要請の荒波が押し寄せたこの時代、国防意識の高まりが安中藩主をして長距離レースの開催へと向かわせたのだろうか。

安政遠足について記録された『安中御城内御諸士御遠足着帳』によれば、このレースは旧暦の五月一九日から六月二八日までの期間にわたって開催され、延べ九八名が完走したという。一斉スタートではなく、数日おきに六～七名のランナーがグループで走るという方式が採用され

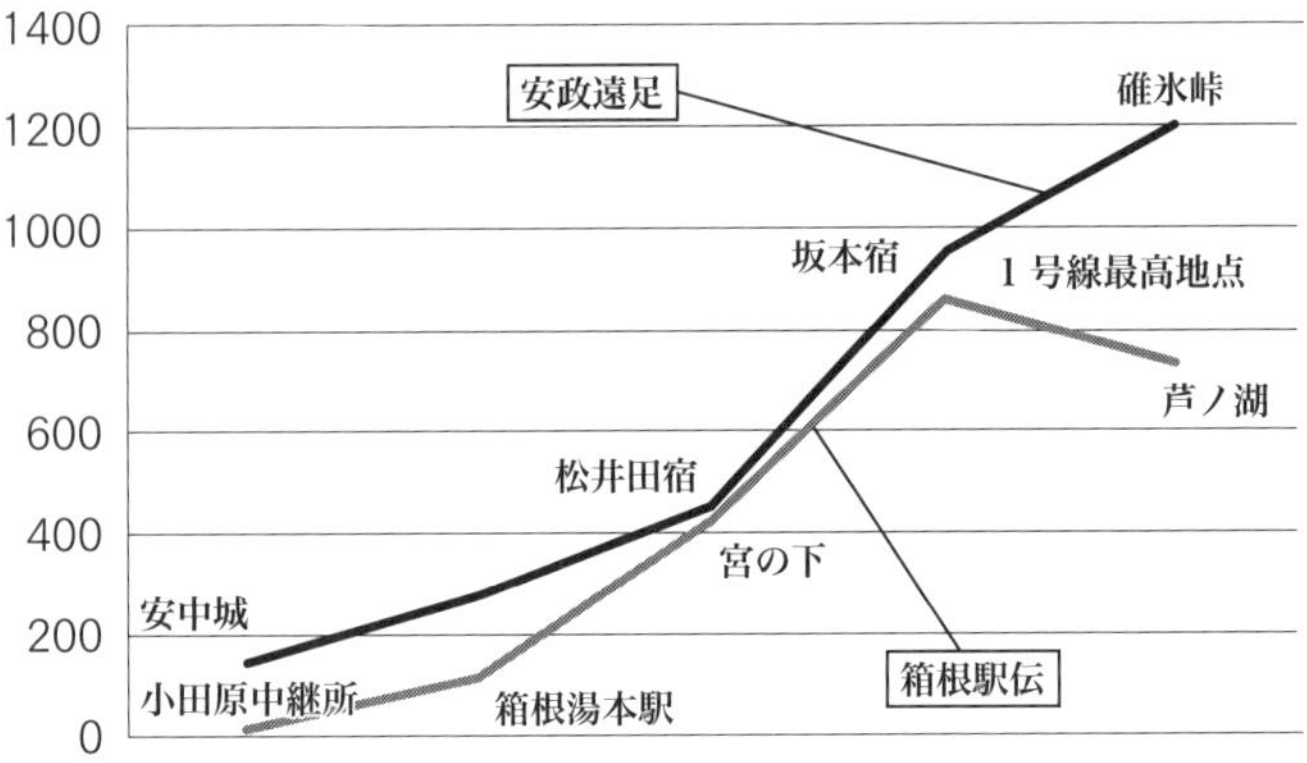

図2　安政遠足と箱根駅伝5区の標高比較

安政遠足で藩士たちが走ったコースの標高を、現在の箱根駅伝5区（小田原～芦《あし》ノ湖《こ》間）の標高と比べてみた。同一グラフ内で見比べてみると、安政遠足の方がやや急勾配なコース取りになっていたことがわかる。箱根駅伝の5区「山登り」は距離にして約20km、標高差が約860mなので、安中藩士はそれよりも長く急峻な道のりを走ったことになる。

た。日付を現代の新暦に当てはめてみると、五月一九日は七月二日、六月二八日は八月一〇日に相当する。この長距離レースは、夏真っ盛りの猛暑の時期に開催されていたのである。安中藩主がこの時期を選んだ理由は定かではないが、あえて悪条件下で走らせることによって、藩士たちの心身の鍛錬を目論んだのかもしれない。

かくして開催された遠足だったが、早速初日の五月一九日に

図3　中仙道の安中宿付近（『木曾海道六十九次』）

安政遠足は藩主の「業務命令」で実施されたため、大半の安中藩士が強制的に参加を余儀なくされたものと思われる。だとすれば、なかには「運動嫌い」の侍も含まれていただろうから、全参加者が所定のコースを真面目に走り抜いたとは限らない。想像するに、一定数の侍はたびたび走るのをやめて歩き、時には途中で休憩を取りながらゴール地点を目指したのではないだろうか。場合によっては、水分補給と称して道中の茶屋で酒盛りを楽しんだ者もいたかもしれない。この絵には、安中宿付近の休憩施設（茶屋）が描かれている。

アクシデントが起きている。藩士たちの着順をチェックする役割だった熊野権現の曽根神官は、事前の打ち合わせのために安中城まで赴き、レース前日に帰路について中山道坂本宿に一泊し、翌朝早々に熊野権現に戻ってランナーの到着を待ち受ける算段を立てていた。ところが、曽根が碓氷峠に差し掛かったところで、なんとランナーに追い越されるという失態を犯してしまったのである。そのため、史料には初日の着順が記されていない。

　また、五月二二日と二三日に走ったグループは、本来ゴールした時刻よりも一時間以上遅い時刻を記録するよう神官に頼んだ形跡がある。もしかすると、上役よりも著しく速いタイムでゴールすることは「無礼」にあたると考えたのではないだろうか。この辺りは、武家社会ならではの事情が垣間《かいま》見えて興味深い。

図4　参勤交代の武士の装束（『木曾海道六十九次』）

安政遠足の際、侍たちはどのような服装で走ったのか。史料上は明らかにすることはできないが、おそらくは袴《はかま》姿に2本の刀を差し、草鞋《わらじ》を履いてレースに臨んだのではないだろうか。帯刀しながらの走行は困難を極めたに違いない。当時の武士が登城する際に身につけた本差しの長さは刃渡り70cm程度と定められていたが、その平均的な重量は1.5kgにおよんだ。また、脇差しは刃渡り30cm程度、重さは概ね500 gほどだった。合わせて約2kgもの物体を片方の腰に下げての不安定な走行は、ただでさえ過酷な道のりをより困難なものとしていたはずである。

安政遠足は安中城から碓氷峠までの約二九㎞を走破するものだったが、その過酷さは平面的な距離の問題だけではなく、立体的な標高によっても知ることができる。スタート地点の安中城の標高は約一五〇ｍだったが、ゴールの熊野権現は標高約一二〇〇ｍの位置にあり、その標高差は実に一〇〇〇ｍにも及んでいる。しかも、電車も自動車もない時代、藩士らはこのコースを完走した後、さらに当日中に安中まで歩いて引き返す必要があった。フルマラソン（四二・一九五㎞）よりも遥《はる》かに長い、往復六〇㎞近くの道のりを一日のうちに徒歩で移動した彼らは、間違いなく「健脚」だったといえよう。

以上が、およそ一五〇年前に行われた日本最古の長距離レースのあらましである。安中藩で遠足が実施されたのは、この一回きりだったらしい。

第2章

歩く【あるーく】

1　行楽

【行楽《こうらく》】

近世後期の江戸では、庶民が楽しみのために出掛ける「行楽」が盛んになり、江戸の近郊にも日帰りで歩いて往復できる範囲にたくさんの行楽地が成立した。一九世紀前半の江戸庶民の行楽を『東都歳時記』（一八三八）によって見ていこう。同書には「景物」として人気の行楽が月ごとに紹介されているが（表参照）、その多くは自然との触れ合いだった。

江戸庶民の行楽の中心は花見である。桜はもちろん、桃、ツツジ、牡丹《ぼたん》、蓮《はす》、菊など、ほぼ毎月のように花見に出掛けるチャンスがあった。ほかにも紅葉、雪、月、鳥などを見物する「視覚」による行楽が人気だったらしい。また、四季を感じる鳥や虫の初音を聞くような「聴覚」による行楽もある。季節の移ろいを敏感に察知しようとした江戸人の中には、ホトトギスの初音《はつね》をいち早く聞くことを競う者もいた。初音が聞けそうなエリアは「初音の里」として名所化されている。

江戸近郊に名所が誕生すると、その集客力を目当てに酒食を振舞う店が軒を連ねることは自然な成り行きである。桜や紅葉の名所として知られる王子の飛鳥山は、元々は貧困な土地柄だったが、八代将軍吉宗《よしむね》の桜の植樹によって江戸からの花見客の誘致に成功し、次第に茶店や民家が立ち並んで地域経済が活性化したという（『遊歴雑記』）。

安政六（一八五九）年に来日したスイスのリンダウは、飛鳥山の花見の情景を日

図1　飛鳥山の花見の様子（『江戸名所花暦』）
花見の名所として今も知られる王子の飛鳥山である。歩きながら花見を楽しむ人、飲食をする人びともいる。享保5（1720）年、八代将軍吉宗は飛鳥山に約1200本の桜を植樹した。その後、吉宗の働きかけもあって当地は花見の名所になり、人気の行楽地として大いに繁栄した。『江戸名所図会』に「春花 秋草 夏涼《かりょう》 冬雪眺あるの勝地なり」と評されているように、飛鳥山が四季を通じて楽しめる絶好の景勝の地だった。

記に書き残している。リンダウは王子の風景をパリの散歩道にたとえて絶賛するが、その眼差しは江戸庶民の行楽の実態を捉えていた。リンダウの記述は以下のようである。「美しい季節には町人の家族がよく古木の蔭《かげ》や、そこに沢山ある茶屋で休む。耳障りな音楽を聞きながら、簡単な食事をとり、こんな無邪気な楽しみに幸せを感じているようであ

表　江戸庶民の行楽の種類（『東都歳時記』）

季節	月	景物（行楽活動）
春の部	1月	鶯《うぐいす》の初音を聞く、花見（梅）
	2月	花見（彼岸桜・枝垂《しだれ》桜・ひとえ桜・八重桜・遅桜・桜草・椿《つばき》）
	3月	花見（桃・梨花・棣棠《やまぶき》・ツツジ）、釣り
夏の部	4月	ホトトギスの鳴声を聞く、 花見（牡丹・杜《かき》ツバタ・藤・卯《う》の花・菊）
	5月	蛍狩り、水鶏《くいな》をみる、鵜《う》川狩り
	6月	花見（蓮・朝顔・紫草）
秋の部	7月	月見、虫聞《むしきき》、秋の七草をみる
	8月	花見（萩《はぎ》・花野）
	9月	花見（菊）
冬の部	10月	紅葉狩り
	11月	雪見、千鳥を見る
	12月	記載なし

『東都歳時記』には「景物」という表現で江戸庶民の毎月の行楽が紹介されている。表によれば、庶民の行楽は自然との触れ合いを主眼としたものだった。近世の江戸には、日帰りできる近郊の土地に行楽の名所がたくさん成立し、人びとは歩いてプチ旅行を楽しんだ。

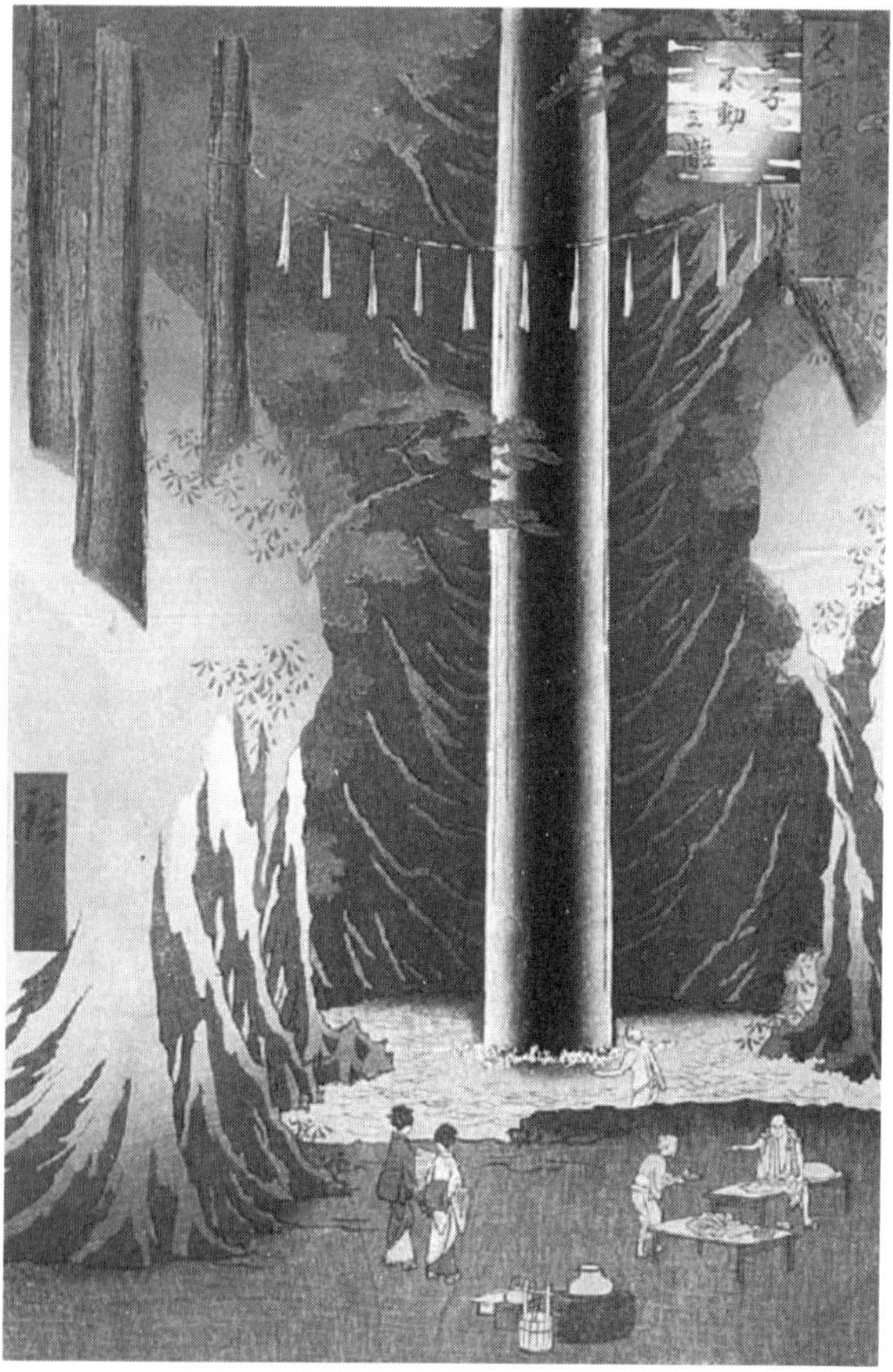

図2　王子不動の滝（『名所江戸百景』）

飛鳥山からほど近い場所に王子不動の滝があった。この地を行楽で訪れた十方庵《じっぽうあん》敬順《けいじゅん》によると、王子不動の滝に打たれると諸病治癒の効果があるという評判で、夏には大勢の江戸庶民で賑《にぎ》わったという（『遊歴雑記』）。この絵には、滝に打たれようと水に入る男性、それを見る女性たち、椅子に腰かけて飲食する男の姿が描かれている。

る。」（『スイス領事の見た幕末日本』）

　リンダウが目撃した王子の花見客は、音楽を聴いて幸せそうに酒食を楽しんでいたらしい。江戸庶民の行楽は、自然との触れ合いを目的としながらも、酒宴もセットで楽しむ機会になっていたのである。自然を愛でることはそっちのけで、酒宴の方を期待して行楽に出歩いた者も少なくなかっ

図３　隅田川堤の花見の様子（『東都歳時記』）

江戸市中にも行楽の名所は存在した。桜の季節になると、隅田川堤は花見客で賑わいを見せる。その集客力を目当てにした飲食店も出ていて、看板や幟《のぼり》の文字から「さくら餅」が販売されていたようである。この隅田川堤の桜も、将軍吉宗による植樹にはじまっている。江戸やその近郊の行楽地の形成は、幕政の一環として進められていたのである。

たのではないか。

近世に成立した江戸近郊の行楽地の多くは、江戸日本橋から半径二里半（約九・七km）ほどの範囲に収まるという。これは、目的地で楽しむ時間を差し引いても十分に日帰りで往復できる行動圏を意味する。移動手段は徒歩だったので、行き帰りの途中でも名所を訪ね歩いた。江戸の行楽とは、往復路も含めて一日を丸ごと楽しむ「歩くスポーツ」だったといえよう。

2 旅

【伊勢詣《いせもうで》】

交通手段が未発達だった近世には、人の移動は歩くという行動とともにあった。当時の陸上交通は徒歩移動が基本だったからである。そんな中、一般庶民の間で空前の旅ブームが巻き起こる。特に人気があったのは、伊勢神宮まで旅する伊勢詣だった。全国各地の人びとが長期間仕事を休んで家を留守にし、時には往復で

図1　男性の旅姿（『伊勢参宮名所図会』）

男性の一般的な旅姿は、菅笠《すげがさ》をかぶり、歩きやすいように上着を尻からげにして股引《ももひき》と脚絆《きゃはん》を装着し、草鞋《わらじ》を履いた。なるべく軽装にすることが常識で、重い荷物を持ち歩くことはほとんどなかった。旅の道中では、庶民も刀を１本帯刀することが許されていた。

図2　女性の旅姿（『東海道五十三次』）

女性の旅人は歩行の補助として杖《つえ》を手にすることが一般的だった。男性のように上着をまくって脚を動かしやすくすることはなく、足元まで着物で覆われている。男性が長距離歩行に見合う旅姿を志向する一方で、女性はお洒落《しゃれ》に気を配っていたのだろうか。

二〇〇〇kmを超える距離を歩いて旅したのである。

多くの旅人は、行く先々の道中で名所や寺社を見物し、名物を食べ、酒を飲み、郷里の人びとに土産物を買い、温泉で骨休めをするなど、非日常の異文化世界を存分に堪能した。信仰を建前として遊べるところに、伊勢詣の醍《だい》醐《ご》味《み》があったといえよう。

近世の日本人は、どのくらいの歩行能力を持っていたのだろうか。安政四（一八五七）年に下新井村（埼玉県所沢市）から伊勢詣をした鈴木源五郎は、

図3　集団で旅する人びと
（『名所江戸百景』）

長期間の旅には経済的な負担がかかるため、全国各地に伊勢詣を目的とする「伊勢講」という集団が組織された。講のメンバーで旅費を積み立て、選抜された代表者が伊勢詣をする。毎回数名ずつ順番に旅立ち、講の全員が伊勢詣を達成するまで積み立ては続けられた。東北地方の伊勢講では平均10名程度、多い時には30名ほどの集団で伊勢詣をした事例もある。

図4　草鞋を訪問販売する子ども
(『東海道名所図会』)

長距離歩行に臨む旅人が履いたのが草鞋《わらじ》である。近世には同質の履物を大量生産できる技術はなく、製造者によって性能の優劣に違いがあった。当時の旅行ガイドブックにも、良質の草鞋を履くことが順調に旅を進めるための秘訣《ひけつ》だと解説されている（『旅行用心集』）。草鞋は耐久性に乏しいが、近世の街道では至る所で草鞋が売っていたため、旅人は予備の草鞋を大量に持ち運ぶ必要はなかった。図4は、宿屋で草鞋を訪問販売する子どもの様子である。

毎日の旅の記録を『伊勢参宮道中記』という日記にまとめている。その記述内容から計算すると、総歩行距離は約一九〇〇km、一日平均の歩行距離は約三五kmで、一日に歩いた最長距離は何と約六二kmに及んでいる。驚くべき健脚である。

注目すべきは、源五郎が伊勢到着後、来た道をそのまま引き返さずに西の奈良方面に移動していることである。さらに、近畿・中国地方を貫いて四国まで足を延ばし、帰路は往路で歩いた東海道ではなく山沿いの中山道《なかせんどう》経由で旅を終えている。こうした周遊ルートが伊勢詣の特徴だっ

図５　左側通行ですれ違う人びと（『東海道五十三次』）

近世の街道は道幅が狭いところが多く、旅人同士がすれ違う際には「左側通行」の交通マナーが存在した。当時の旅行ガイドブックにも「道中ハ自分左り手の方を通行すべし」との注意書きがある（『増補海陸行程細見記』）。右側ではなく左側を通行した理由は、武士の事情とも関係があった。武士は左腰に帯刀していたため、右側通行では武士同士がすれ違うと互いの刀が当たりかねない。トラブルを未然に回避する術が左側通行だったというわけである。

図６　旅人を出迎える伊勢御師の手代（『伊勢参宮名所図会』

庶民の伊勢詣を支えていたのが、御師《おんし》と呼ばれた宗教者だった。伊勢の御師は、定期的に各地を巡って伊勢にまつわるご利益を宣伝し、庶民を旅の世界へと誘った。実際に庶民が伊勢詣をすると、御師は今日のツアーコンダクターに似た役割も担った。図６は御師の手代《てだい》が顧客の旅人を出迎える様子である。

た。一生に一度かもしれない長旅にあたって、往復で別ルートを組み、できるだけたくさんの異文化に触れて楽しもうとする貪欲な姿勢がうかがえよう。

実は、源五郎は特殊な歩行能力の持ち主ではなく、むしろ普通の旅人だった。近世後期に東日本から伊勢詣をした男性は、源五郎と同じように、一日平均で三五㎞ほどの距離を歩いたとされている。特に、東北地方からの伊勢詣になると、旅の総歩行距離は二〜三ヵ月の間に二〇〇〇〜三〇〇〇㎞にも及んだ。一日の歩行時間は平均して一〇時間、時速三〜四㎞ほどのペースで進むのが通例だった。現代人の感覚では気の遠くなるような数字である。

近世に伊勢詣をしたのは男性だけではない。幕末にかけて遠方に旅する女性が急増し、女性も負けじと一日に三〇㎞弱の距離を何ヵ月間も歩き通した。全国各地のたくさんの女性たちが、杖《つえ》を片手に草鞋《わらじ》を履いて往復で数千㎞の周遊旅行を成し遂げていたことは、近世の知られざる女性像を私たちに教えてくれる。

これだけの歩行能力を持った近世の旅人は、現代人から見れば紛れもなく「アスリート」である。しかし、当時の旅人が出発前に長距離歩行のためのトレーニングをしていた形跡は、不思議なことにいくら探しても出てこない。おそらく、徒歩で移動することが当たり前だった時代には、日常生活そのものがトレーニングの代わりを果たしていたのだろう。

【富士詣《ふじもうで》】

伊勢《いせ》のような遠方の地でなくても、江戸から数日間で往復できる近郊の人気旅行スポットがあった。江戸庶民を中心に流行した富士詣の旅である。

現代の日本人と同じく、近世の江戸庶民も富士山に対して畏敬の念を抱いていた。人びとの富士山への信仰心がベースとなり、江戸市中に多くの「富士講」が結成されると、講員たちは続々と富士登山を試みるようになる。七回以上の富士登山の経験者は「先達《せんだつ》」と呼ばれ、リーダーとして自分が所属する富士講の集団を富士山に連れて行く役割を担った。

図１　富士詣に出る旅人たち（『富士登山諸講中之図』）

品川沖の高輪の大木戸付近で、江戸から出発する旅人が集まっている様子が描かれている。手前の白装束の集団が富士講の旅人である。伊勢原の大山を目指す大山講のメンバーも描かれていて、高輪の大木戸前が様々な行き先の旅人で賑《にぎ》わっていたことがわかる。画中の奥には茶屋が見え、店内では旅人が飲食している。

　富士山は例年、旧暦の六月一日に山開きになったため、富士講員はその前日に江戸を旅立つことが慣例になっていた（『東都歳時記』）。同じ富士講でも講によって名称が異なるため、富士を目指す旅人は「〇〇講」と自分の所属先が書かれた笠《かさ》を被った。白い装束を着て、杖《つえ》を持参するのが富士講メンバーのスタンダードな旅姿である。

　江戸から富士山までは、甲州街道がメインルートとなる。富士山

図2　富士登山をする旅人（『富士山諸人参詣之図』）

富士講のメンバーが旅のメインである富士登山をしている様子が描かれている。富士山の登頂を目指す人々と下山する人びと（左側）の姿である。よく見ると、旅人の笠や服に「砂糖」「味噌《みそ》」「油」「煙草」など物品の文字が記されているが、これは幕末の開国によって物価が激しく上下したことを富士山の登りと下りに例えて表現したものだと言われている。

図3　富士登山をする人びと
(『富《ふ》嶽《がく》三十六景』)

富士講の旅人が富士山に登る様子をリアルに描いた北斎の作品である。岩にしがみ付いて最後の踏ん張りを見せる者、杖《つえ》をついてやっとのことで登っていく者、疲れ切って座り込んでいる者もいて、頂上付近の足場の悪さがうかがえる。画中右上には、岩室の中で身を寄せ合う人たちがいるが、皆でうずくまって信仰に関わる儀礼をしているのだろうか。伊勢詣と比べれば、宗教的な「修行」の要素が強いところに富士詣の特徴があった。

の麓まで辿《たど》り着くと、それぞれの講にゆかりのある宿泊業者の出迎えを受ける。翌日、登山口の浅間《せんげん》神社に参拝すると、いよいよ富士山頂を目指して山を登っていく。山頂まで登ると「内院」と呼ばれた巨大な噴火口に向けて銭を投入し、無事の登頂に感謝しつつ我が身と家族の幸

図4　目黒の富士塚（『名所江戸百景』）

文政2（1819）年に目黒に築造された「目黒新富士」を描いている。遠くに本家の富士山を捉える構図である。頂上に向かって富士塚を登る人がいるが、山開きのシーズンに限らず春秋の行楽地としても賑わった。江戸やその近郊地域にはたくさんの富士塚があったが、そのすべてが各地の熱心な富士講員の手で築造されたものである。今でも、山開きに合わせて富士塚に登る風習が残っている地域は少なくない。

福を祈願した。こうして無事に富士詣を果たすと、思い思いに山を下っていった。帰路は、歩いてきた甲州街道をそのまま折り返すことは珍しく、伊勢原の大山を訪れてから東海道経由で江戸に戻るのが定番ルートだったようである（『嬉遊笑覧《きゆうしょうらん》』）。

文化三（一八〇六）年、豊島郡上板橋村（東京都板橋区）の一四名の富士講集団は、江戸～富士間の約二四〇kmを一週間ほどで歩いて往復している。彼らの旅日記を分析すると、一日あたり一〇里（約三九km）ほどの距離を毎日のように歩いていた計算になる（『富士道中控』）。これに加えて、富士山登頂を目指す富士詣の旅は、健脚とチャレンジ精神を持ち合わせた者だけが参加できるハードな夏のスポーツだった。

富士山まで行くことができない人たちのために、富士講員の手によって編み出されたのが、江戸市中に築造された人工の富士山（「富士塚」）である。江戸市中で最初にできた富士塚は「高田富士」（東京都新宿区）だが、以降、富士塚の築造は江戸近郊にも普及し、幕末にかけて着実に数を増やしていった。後期の江戸の風俗を伝える『守貞漫稿《もりさだまんこう》』や『塵塚談《ちりづかだん》』には、江戸庶民が毎年五月末日と六月一日を山開きとして、日常は禁じられていた富士塚への登山をしていたことが記されている。

富士塚は本家の富士山のミニチュア版だったが、五合目より上の情景を切り取って築造される場合が多く、富士山から本物の溶岩石を運んできて雰囲気を出す工夫も凝らされた。人工の小高い丘に登ることで富士登山と同レベルのご利益が得られる富士塚の存在は、より多くの人が信仰心を満たすことができる江戸人の知恵だったといえよう。

【大山詣《おおやまもうで》】

大山は相模国伊勢原《いせはら》（神奈川県伊勢原市）にある霊山で、山頂には阿夫利《あふり》神社がある。別名を阿夫利山（「あふり」は「雨降り」に由来）とも呼ばれ、雨乞いのご利益がある山としても知られていた。近世中期以降には、江戸庶民の間で大山に登って阿夫利神社に参拝する「大山詣」が流行し、文化・文政期（一八〇四～三〇）頃にはピークを迎える。火災が頻繁に発生した江戸では、火防や招福除災の信仰心から鳶《とび》や職人が大山講を組織して、集団で参拝することが多く見られた。

図1　両国橋付近を歩く大山詣の旅人
（『隅田川両岸一覧』）

葛飾北斎の『隅田川両岸一覧』のうち、夏の両国橋付近を描いたものである。両国橋を渡る江戸市中の人びとの中に、「奉納大山石大権現」と書かれた長い大太刀を担いで歩く人物が混じっているのがわかる。

近世の大山詣の時期は、夏の山開きの期間に限られた。旧暦の六月二七〜三一日を「初山《はつやま》」、七月一〜七日までを「間《あい》の山《やま》」、七月一三〜一五日までを「盆山《ぼんやま》」、七月一六〜一七日までを「仕舞山《しまいやま》」と呼び、六月下旬から七月中旬にかけて江戸庶民をはじめ関東一円からの登山客で大いに賑《にぎ》わった。

江戸の大山講員の大山詣の行動パターンは、まず山開きに入る前の数日間にわたって、両国橋東詰めの大川で水垢離《みずごり》を取った。垢離《こり》を取るというのは、神仏に参る時に冷水を浴びて身を清める行為である。両国の大川は普段から病気治癒や招福を願う人びとの垢離場だったため、

図２　大山詣の旅人の装い（『東海道五十三次細見図会』）

歌川広重の『東海道五十三次細見図会』シリーズのうち程ヶ谷を取り上げたもので、「大山参りの詣人」というキャプションが付された絵である。近世後期に大山詣をした旅人の出で立ちがわかる。右側には、長い太刀を担いで歩く旅人の姿が描かれている。

川に下りやすいように石段が作られ、川底に石畳が敷かれていた。水垢離を終えた講員たちは、白装束に身を固め、大山に奉納するための木製の太刀を持って江戸を旅立った。

　江戸の講中は、大山に到着すると滝に打たれて再び水垢離を取った。両国での水垢離は都市のけがれを祓《はら》う意味合いが強

図3　大山で水垢離を取る講中の人びと（『諸国瀧廻り　相州大山ろうべんの瀧』）

大山の滝を描いている。大山講の人びとは現地につくと、この良弁《りょうべん》の滝で水垢離を取ってから登山をはじめた。木太刀を持ちながら水に入る習俗があったことがわかる。画中右側の建物は、「藤の坊」という大山御師《おんし》の邸宅で、大山詣をする人びとの宿泊施設も兼ねていた。

かったが、大山での垢離は参拝者の個人的なみそぎである。無事に大山詣を果たし、木太刀を神前に奉納すると、今度は他の講中が納めた木太刀を持ち帰り、招福除災の御守りにする風習があった。木太刀のサイズは小さいもので約二四cm、長い物では約三mにおよび、長ければ長いほどご利益があると考えられていたらしい。近世の絵画史料には、自分の背丈よりも長い太刀を担いだ大山詣の旅人がしばしば描かれている。

　江戸から大山までの道のりは、大

図4　大山の全景図（『相模国大隈《おおすみ》郡大山寺雨降神社真景』）

五雲亭（歌川）貞秀の作品で、登山口から中腹の仁王門、山頂の阿夫利神社までの大山の全体像を描いたものである。周辺には、富士山、高尾山、江の島、伊豆《いず》半島なども描かれ、当時の人びとが近隣の観光地を意識していたことがわかる。

山街道を通るルートが一般的だった。青山、渋谷、三軒茶屋、溝の口、長津田、厚木、伊勢原などを経て大山に至るが、途中どこかの宿場で一泊して休憩を取るパターンが多い。大山登拝後は、往路とは別のルートが選ばれた。東海道藤沢宿に出て「精進落とし」と称して遊興を催し、さらには江の島や鎌倉で存分に観光を楽しんでから江戸に帰るのが定番コースである。江戸庶民の中には、富士詣をした帰路に大山詣をセットで済ませようとする者もいた。

大山詣をする人びとには、江戸～大山間を歩いて往復し、大山に登るだけの健脚が要求されたことは言うまでもない。江戸の夏の風物詩だった大山詣とは、信仰と行楽を兼ね備えた「歩くスポーツ」だったのである。

3 祭礼

【天下祭《てんかまつり》】

近世は全国各地で一般庶民による祭りが盛んになった時代である。村落では農事暦に合わせて春と秋の季節祭が行われたが、農耕生産との関係性が薄かった江戸では、大都市特有の夏祭りをメインにさまざまな祭礼が行われた。

このうち、江戸の祭りを象徴するものが「天下祭」である。天下祭とは、元和《げんな》元（一六一五）年にはじまった日枝《ひえ》神社の山王《さんのう》祭、それより七〇年ほど遅れて生まれた神田明神の神田祭を指した。さらには、正徳《しょうとく》四（一七一四）年に一度だけ行われた根津神社の根津祭も含まれる。幕府の命を受けて隔年で祭事が執行されたため、「天下祭」あるいは「御用祭」の名で呼ばれた。ピークを迎えた文化・文政期（一八〇四〜三〇）の様子は、これを見た者に「筆の及ぶ限りにあらず」と言わしめたほどである（『江戸府内絵本風俗往来』）。

図1　山王祭の練り物
（『東都歳時記』）
『東都歳時記』に所載の挿絵で、山王祭の行列の賑《にぎ》わいを描いたものである。巨大な象の練り物が路上を闊歩《かっぽ》している。沿道には桟敷《さじき》が設けられ、観衆は行列をゆったりと見物することができた。

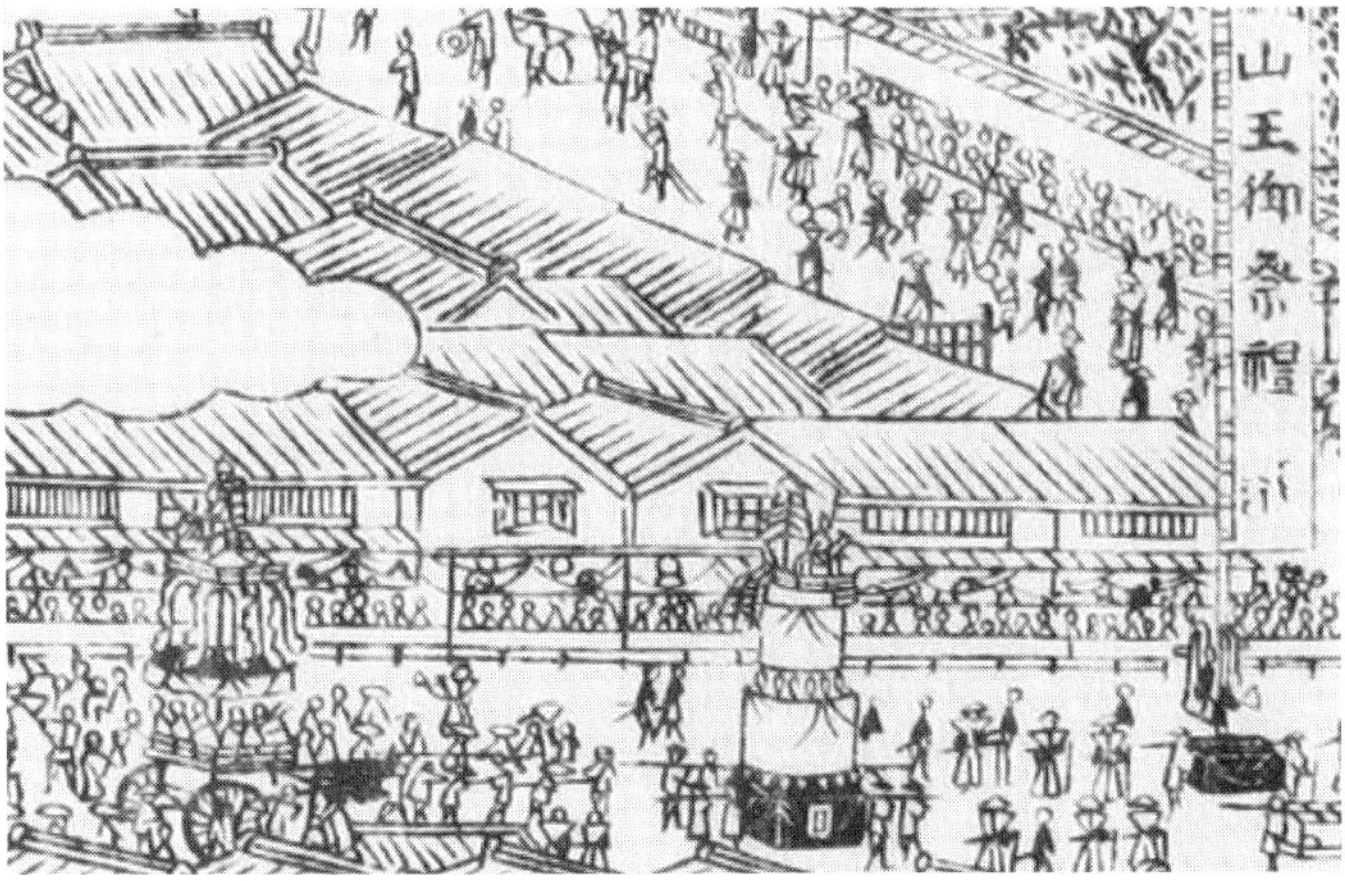

図２　山王祭の山車（『江戸名所図会』）

山王祭の山車や神輿が描かれている。「山王御祭礼」という大きな幟《のぼり》が立っているのが見える。図１と同じく、沿道には桟敷が設けられ、大勢の人びとが見守っている様子がわかる。

天下祭をはじめ、当時の江戸の祭りは、神輿《みこし》を挟むようにして大規模な山車《だし》や練り物の行列を作り、ゆっくりと歩いて進むのが普通だった。現在のように、若い衆が大きな掛け声とともに激しく神輿を担ぐイメージとは少し異なる。祭礼当日は、多い時には一〇〇基を超す豪華な山車が登場した。江戸市中のメインストリートは通行止めとなり、厳重な警備体制も組まれていたようである（『東都歳時記』）。沿道には見物席が設けられ、観客は飲食をしながらゆったりと行列を見て楽しんだ。

天下祭は江戸城内に入って将軍の上覧を仰ぐ慣わしになっていたので、祭の行列に参加する者には江戸中からの憧れの眼差しが注がれた。江戸っ子たちが、この幕府お墨付きの公共イベントにことさら熱狂したのも無理はない。

幕府からすれば、天下祭は将軍のお膝下である江戸繁昌《はんじょう》の勢力を諸大名に知らしめるチャンスだった。そのため、幕府も祭が盛大に執り行われるように強く後押しした側面がある。実際、天下祭の総経費のうち神輿に係る費用は幕府が負担している。

一方、山車やその他の費用は各町内で賄う決まりだったので、祭の本番でどれだけ豪華な行列を披露するかは町のプライドをかけた戦いでもあった。当然、町同士の対抗意識に火が付き、天下祭は回を追うごとに豪華になっていく。借金をしてまで天下祭に私費を投じる者がいたほどである。江戸の天下祭は、人びとが自分の住む町にアイデンティティを感じる瞬間を提供し、町内の結束を促してい

図３　山王祭の行列
（『江戸府内絵本風俗往来』）

山王祭で、山車や神輿とともに人びとが行列を作っている。いわば町の誇りをかけたイベントだった天下祭は、町内の人びとを結束させる役割も果たしていたに違いない。

たといえよう。

天下祭には喧嘩《けんか》がつきものだった。「おらが町」を誇示する機会に町同士のいさかいが起き、エキサイトする場面があったことは容易に想像がつく。江戸の町を山車や神輿とともに練り歩いて、時々喧嘩もする。天下祭には、なかなかの運動量が要求されたようである。

第3章

踊る【おど-る】

1　踊る
2　演じる

1　踊る

【盆《ぼん》踊《おど》り】

盆踊りは、空也《くうや》や一遍《いっぺん》に端を発する踊念仏《おどりねんぶつ》が原型だとされる。後に、夏から秋への季節の変わり目に催される仏教行事（盂蘭盆会《うらぼんえ》）と結びつき、「盆踊り」として定着していった。

近世前期には、江戸庶民の間で盆踊りが流行を見せる。江戸の世相を編年的にまとめた『武江年表』には、延宝五（一六七七）年の記事に「七月中旬より、江戸中町々踊りはじまり、美麗を尽すゆへ御制禁あり」と記されている。江戸市中の盆踊りは、七月中旬より派手に行われ、幕府が見過ごせないレベルで盛り上がりを見せていたのだろう。この時、二度におよんで盆踊りを禁じる触書が出されたほどである。

図1　越後出身者たちの盆踊り
(『江戸府内絵本風俗往来』)

近世初期の江戸は地方出身者の集合体だったため、同郷人の結びつきも強く、出身地ごとに盆踊りが開催されることもあった。この絵は、江戸在住の越後出身者が中心の盆踊りである。7月14～16日の3日間に及んで、市中の芝大門や西久保広小路を舞台に、夕方から朝方にかけて男女が寄り集まって踊り明かした。踊りの輪は、最初は5～10人程度からはじまり、最終的には30～40人に達したという。太鼓や酒樽《さかだる》を叩《たた》いてリズムを取った。

図２　江戸の盆遊戯「ぼんぼん」（『新板子供遊び』）

歌川国芳が描いた19世紀の江戸の「ぼんぼん」の様子である。女児が５人で手を繋いで、道一杯に横に広がって歌い歩いている。７月の盆の頃に行うのが恒例だった。

年によっては、七月から一〇月頃まで江戸市中で盆踊りが終わらないことがあったという。夏の夜に暑さを吹き飛ばすかのように集団で踊り明かす江戸の盆踊りは、さながら今日でいう〝夏フェス〟のようではないか。近世前期の江戸を象徴する真夏の夜の一大スポーツイベントだった。盆踊りを含め、江戸市中で庶民が集団で踊り明かす行為に対しては、元禄《げんろく》期（一六八八～一七〇四）だけでも六回の禁令が出されている。

盆踊りの形態は、今でも各地で見られるような輪になって踊るものが大半だった。江戸で行われた越後出身者の盆踊りでは、三〇〜四〇人の男女が輪になり、太鼓のリズムに合わせて手足を揃《そろ》えて踊ったと伝えられている（『江戸府内絵本風俗往来』）。明け方になると散会し、翌日の夕方には再び街路に繰り出して踊りはじめた。

このように、江戸の盆踊りは、夜が更けるのも忘れて男女混合で踊り明かすものだった。盆踊りは江戸市中の若い男女の出会いの場にもなっていたのである。だからこそ、毎晩のよ

図３　大坂の盆遊戯「大坂遠国」
（『守貞漫稿』）

大坂にも江戸の「ぼんぼん」に匹敵する盆遊戯があった。「遠《おん》国《ごく》」と呼ばれる遊びだが、幼児を先頭にして背の順で腰帯をつかみ歌い歩いた。大坂は街路が狭いために、縦列になったという。

うに止むことのない熱狂が江戸の町に生み出されたのだろう。現代の〝合コン〟や〝婚活パーティー〟が思い出される。もしかすると、江戸の盆踊りの裏方には、人びとを熱狂へと誘う巧妙な仕掛け人がいたのかもしれない。

江戸の盆踊りは、元禄期の頃までは盆の時期に老若男女がこぞって夜通し踊り明かしていたが、その後衰退し、近世後期にはほとんど見られなくなった（『五節供《ごせっく》稚童講釈《おさなこうしゃく》』）。京都や大坂では、幕末になっても盆踊りの風習が存在したので（『守貞漫稿《もりさだまんこう》』）、江戸の盆踊りは度重なる禁令の影響を受けて意図的に消失に追い込まれた可能性もある。

しかし、江戸の盆踊りは跡形もなく一掃されたわけではなく、子どもの遊びとして形を変えて生き残っていた。数名の女児が手を繋いで歌い歩く遊びで、江戸では「ぼんぼん」とも呼ばれた。江戸では一般庶民の娘がこの遊びの担い手だったらしく、複数名の女児が一組となり、定型のフレーズを口ずさみながら手を引き合って横並びで歩いたという。

【住吉踊《すみよしおど》り】

住吉踊りとは、住吉大社（大阪府大阪市）の御田植《おたうえ》神事で奉納される踊りのことで、元来は宗教的な色彩をまとう年中行事だった。中世には、五穀豊穣《ごこくほうじょう》を祈る農民の民俗芸能の側面を持つようになる。また、住吉神宮寺（住吉大社にあった付属寺院）の僧侶が、庶民の安全と繁栄を祈って京坂の諸国を巡歴した際、住吉踊りを各地で披露したことで広まった歴史もあるという。

近世になると、願人坊主《がんにんぼうず》（大道芸を営む下層の僧）らが物乞いのために街路を歩きながら住吉踊りを演じるようになり、その形態が全国的に普及していく。大

図1　江戸の住吉踊り
(『名所江戸百景』)

広重の安政5（1858）年の作品で、江戸の日本橋一丁目を踊り歩く住吉踊りの集団である。大きな傘の下に数名が入って踊り、三味線《しゃみせん》を弾きながら歌う者が後ろから付いて歩いている。もともとは宗教性を帯びた住吉踊りだったが、願人坊主を担い手とする大道芸としての変容形態が人びとの心をつかみ、全国的に流布していった。

図2　江戸の住吉踊り
(『江戸府内絵本風俗往来』)

『江戸府内絵本風俗往来』に描かれた住吉踊りである。2人の男が先頭でシンクロして踊っているところと、三味線弾きが傘の前にいるところが先の『名所江戸百景』とは異なる。大道芸としての住吉踊りにはさまざまなスタイルが存在し、人びとの関心を引き付けるための多様な工夫が凝らされていた。路上の見物人を巻き込んで一緒に踊ったり、話芸や道化をセットで演じることもあった。

道芸としての住吉踊りは、本来の宗教性よりも、見栄えのする派手な世俗性が前面に押し出された。住吉踊りのスタイルは時代や地域によっても異なったが、『守貞漫稿《もりさだまんこう》』の解説を要約すれば、一人が長い柄の派手な傘を持って歌いながら踊り、その周りで、菅笠《すげがさ》を被り団扇《うちわ》を持った数人が輪になって踊り歩くような芸だった。

京坂地区から伝わった住吉踊りは、近世の江戸でも願人坊主を担い手に流行する。一種の見世物として確立し、庶民層を中心に人気を獲得していった。江戸の住吉踊りは演じ方に定めはなかったが、京坂のスタイルと大同小異だったらしい（『守貞漫稿』）。

幕末の江戸風俗の回想録『江戸の夕栄《ゆうばえ》』には、「住吉踊り」の項目の中で「紋《もん》日《び》または祭礼の時などには市中を流し、呼び込まるれば踊る。」との説明がある。幕末の江戸では、住吉踊りは紋日（元旦や五節句など特別な日）や祭礼に合わせて披露されることもあり、時には市中の見物人も巻き込んで踊り明かすような一体感もあった。見て楽しむだけにとどまらない、参加型のスポーツイベントだったのだろうか。

『江戸の夕栄』には、「踊りのほかに滑稽問答、道化、他に類なき可笑《おか》しみあり。」との記述もある。人びとを魅了する派手な出で立ちや華麗な踊りはもちろんのこと、話芸や道化といった「可笑しみ」、すなわちエンターテインメント性を兼ね備えていたことが、住吉踊りの人気の秘訣《ひけつ》だったようである。

住吉踊りがルーツとなり、江戸の願人坊主によって「かっぽれ」という芸能が生まれ、やがて歌舞伎の所作事《しょさごと》や寄席の演芸に取り込まれていったという説もある。願人坊主は、住吉踊りやかっぽれをはじめ、民間の唄や踊りの流行の発信源ともなった。さながら、現代の世でいうインフルエンサーだろうか。

1　演じる

【歌舞伎《かぶき》】

慶長八（一六〇三）年、出雲《いずも》の阿国《おくに》という女性を中心とする一座が京都で「かぶき踊り」を演じ、その興行が流行を巻き起こした。もとより、派手で異様な身なりをした者や常識外れの男衆を「かぶき者」と呼んだが、阿国はその風俗を真似て男姿で踊った。これが「歌舞伎」の発祥である。その後、女性の歌舞伎は風

図1　芝居小屋の内部（『芝居大繁昌之図』）

歌川豊国の文化 14（1817）年の作品で、賑《にぎ》わう江戸歌舞伎の芝居小屋が描かれている。舞台の後方（画中左側）にも座席が設けられ、観客がひしめき合って観覧している様子がわかる。このエリアは1階が「羅漢台」、2階が「吉野」と呼ばれ、最も庶民的な格安の席だった。正面、真横、上、下、そして後ろと、あらゆる角度から観客が舞台を見つめる構造になっていたのである。

図2　芝居見物をする人びと（『客者評判記』）

式亭三馬の『客者《かくしゃ》評《ひょう》判《ばん》記《き》』に描かれた、向桟敷で歌舞伎を観覧する人々のイラストである。向桟敷は2階正面の桟敷で、舞台から離れた劇場後方の席だった。最前列の手前には酒や弁当が置いてあり、観客が飲食しながら歌舞伎を楽しんでいた様子がうかがえる。

紀を乱すものとして幕府から禁止されるが、若衆歌舞伎、野郎歌舞伎など男性のみで演じる形態が登場し、各地に広まっていく。

江戸歌舞伎の特徴は、超越したパワーを持った主人公が勇壮な姿を演じる荒事《あらごと》にある。初代市川團十郎《いちかわだんじゅうろう》がはじめた荒事は、派手な演出も手伝ってたちまち江戸人の心を虜にする。その大掛かりな舞台装置とダイナミックな身体運動(踊り)に人びとは魅了された。大衆芸能としての歌舞伎は、観客に「みせる」ことを徹底的に追求した結果リピーターを増やし、浮き沈みを経ながらも近世を通して命脈を保つことができたといえよう。

儒学者の寺門静軒《てらかどせいけん》は、泰平の江戸を象徴する三大娯楽として、勧進相撲、吉原遊郭と並んで「三場の演劇」をあげている(『江戸繁昌記《えどはんじょうき》』)。中村座、市村座、森田座で演じられた歌舞伎のことである。もう一つ、山村座という芝居小屋もあったが、有名な「絵島生島事件」を発端に正徳四(一七一四)年に取り潰しにあう。三座のように常設小屋で興行を許された「大芝居」のほかにも、寺社境内《けいだい》や

図3　中村座の賑わい（『三芝居之図』）

文化 14（1817）年の『三芝居之図』に収載された絵画である。江戸三座のひとつ、中村座の表木戸（出入り口）周辺を描いている。芝居小屋の周辺は大賑わいで、赤い頭巾を被った男衆は木戸芸者と称された呼び込みである。女性が何かに群がっているようにも見える。まるで、現代でいうアイドルグループのコンサート会場のようではないか。

盛り場で行う「宮地芝居《みやちしばい》」もあり、江戸には歌舞伎を観覧する機会が溢《あふ》れていた。

いつしか、江戸歌舞伎の人気役者には追っかけファンがつくようになる。歌舞伎のファッションを真似る者も多く、人気役者を描いた浮世絵は飛ぶように売れた。歌舞伎の芝居小屋は流行の発信源だったのである。歌舞伎ファンの過熱ぶりを反映するかのように、役者ではなく観客にフォーカスした『客者評判記』という本も登場した。戯作者《げさくしゃ》の式亭三馬の作品で、歌舞伎に夢中になる観客の生態がイラスト入りで活写されていて面白い。

芝居小屋には富裕層をターゲットにした上等な桟敷《さじき》席が設けられたが、歌舞伎は経済力のある人びとの専有物ではなかった。稼ぎの少ない一般庶民のために、木戸銭の安い（一〇〇文程度）観覧席も設けられている。格安の座席では、皆、寿司詰めになって食い入るように舞台上の芸術鑑賞に没頭した。

一九世紀初頭に武陽陰士と名乗る匿名の作者が書いた『世事見聞録』には、歌舞伎に熱を上げる江戸人の姿が描き出されている。同書には、「町人遊民等は（歌舞伎役者を―引用者注）殊のほか好み、別して婦人女子の熱心深く懇望するものにて、悉《ことごと》くかの愛敬にいりたるものなり。その婦人女子の懇望に引かれて、男子も同じく贔屓《ひいき》するなり。」とある。

女性の歌舞伎ファンが多かったことは想像に難くないが、女性につられて男性が寄り集まるという習性は、今も昔も変わらないらしい。女性客を取り込むことが繁盛の秘訣《ひけつ》だというのは、今日のスポーツ興行にも相通ずる部分ではないか。

第Ⅱ部

用具を使う

江戸のスポーツの中には、用具を巧みに操って行うものが多数見られる。これは、用具を使って「投げる」形態と「飛ばす」形態、さらには鞠《まり》、毬《まり》、羽根、玉など、ボール状の用具を使ってプレーする「ボールゲーム」に分けることができる。

物を投げて競うものには、ターゲット目掛けて扇を投げる投扇興《とうせんきょう》や、特定のスポットに銭を投げ入れる穴一《あないち》のように「狙う」スポーツがある。また、印字打ちや雪打ちは、石や雪の礫《つぶて》を敵に「ぶつける」スポーツだった。このカテゴリーには、独楽《こま》回しのように、地面に投げた独楽を互いにぶつけ合って競うスポーツもある。

物体を「飛ばす」スポーツもある。野山に鷹《たか》を放って獲物を仕留める鷹狩りは上層武士に普及し、凧《たこ》を風に乗せて空高く飛ばす凧揚げは正月の風物詩にもなった。また、弓を引いてターゲット目掛けて矢を「射る」スポーツには、庶民が手軽に楽しめた楊弓《ようきゅう》や破魔弓《はまゆみ》、そして雄藩を巻き込んで発達した通し矢がある。人間の吐息で矢を飛ばす吹矢も、庶民が愛好した、射るスポーツである。

ボールゲームには、個人技の出来栄えを競うものがたくさんあった。鞠を地面に連続でバウンドさせる手鞠、複数の玉を手で操るお手玉、飛ばした玉を道具でキャッチするけん玉など、巧みなテクニックが試されるスポーツである。羽根つきはノーバウンドで返球し合うラケットスポーツで、まるで今日のバドミントンを思わせる。

チームスポーツもある。鞠を地面に落とさず高度な足さばきでパスを繋ぐ蹴鞠《けまり》は、貴族や武士だけではなく庶民もプレーしたボールゲームだった。馬上でスティックを使ってゴールに毬を投げ入れる打毬《だきゅう》、騎乗せずに玉を打ち合う毬杖《ぎっちょう》など、ホッケーに似た競技も伝わっている。

第4章

投げる【なーげる】

1 狙う
2 ぶつける

1 狙う

【投扇興《とうせんきょう》】

投扇興は古くに中国から伝わった投壺《とうこ》という遊びを簡略化したスポーツである。台に乗せた的を目掛けて扇を投げ、的への当たり方や、的と扇の落ちた場所と形に応じて得点が与えられた。競技は二人の対戦方式で行われ、獲得した得点の合計を競う。台から五〜六尺（約一五一・八〜一八一・八cm）離れた位置に座り、そこから台上の的に向かって扇を投げた（『守貞漫稿《もりさだまんこう》』）。扇を投げる時は、正座で右手を使って投げるフォームが基本だった。江戸では「扇投げ」とも呼ばれていたようである。

投扇興は京都を発祥とし、はじめは上方で上流層が好む優雅なスポーツとして親しまれていたが、江戸に伝わると大衆的なスポーツとして広く普及していった。安永年間（一七七二〜八一）には『投扇興図式』『投扇興譜』『投扇新興』などの指南書も続々登場し、人気に拍車がかかる。競技法やルールが統一されたのも、およそ

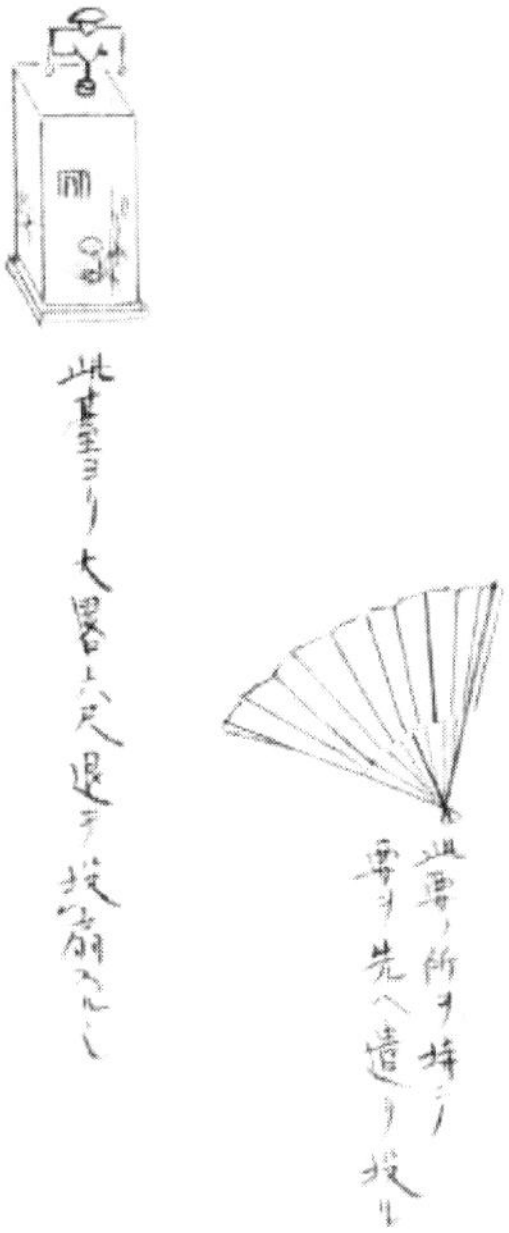

図１　江戸の投扇興で用いられた扇と台

（『守貞漫稿』）

投扇興に用いられた道具である。奥に描かれた台上の的を目掛けて扇を投げて遊んだ。台を「枕」、的を「蝶《ちょう》」と呼ぶ。扇は空気抵抗を大きく受けるために、ボールを投げるのとはわけが違ってコントロールを付けるのも簡単ではなかった。

図2　投扇興の様子（『投扇興図式』）

投扇興をする場面が描かれている。向かい合う2人のプレーヤー以外にも、その間に「司扇人」という審判役が座ることになっていた。画中の右側の男性は、正座の姿勢から右手で扇を投げようとしているが、これが基本的なフォームだった。

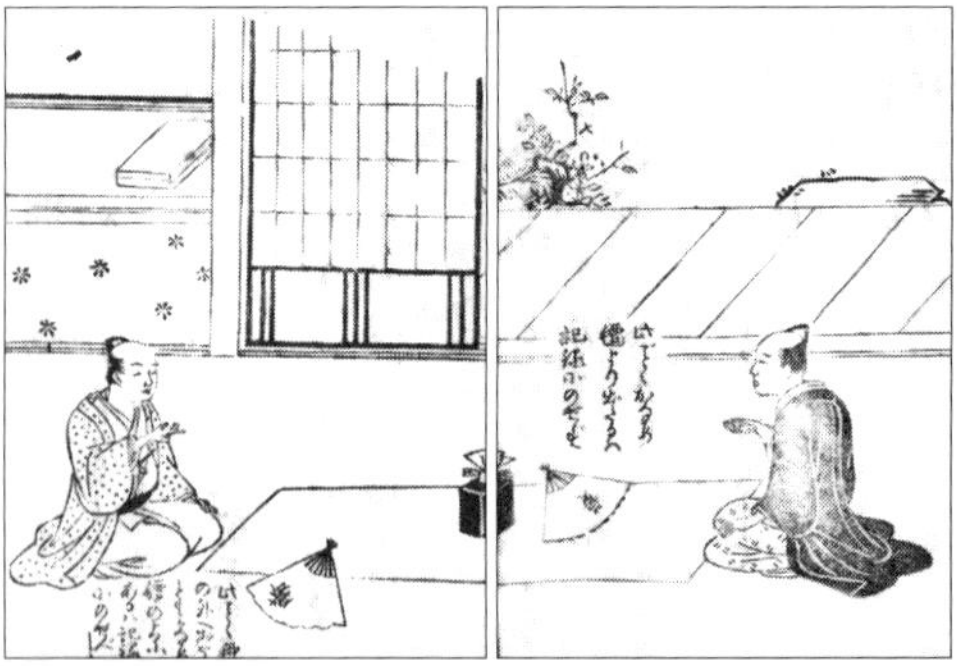

図3　投扇興の様子（『投扇興譜』）

同じく、2人で投扇興を楽しんでいる場面である。床に落ちた扇を見ると、それぞれ「勝」「負」と記されている。

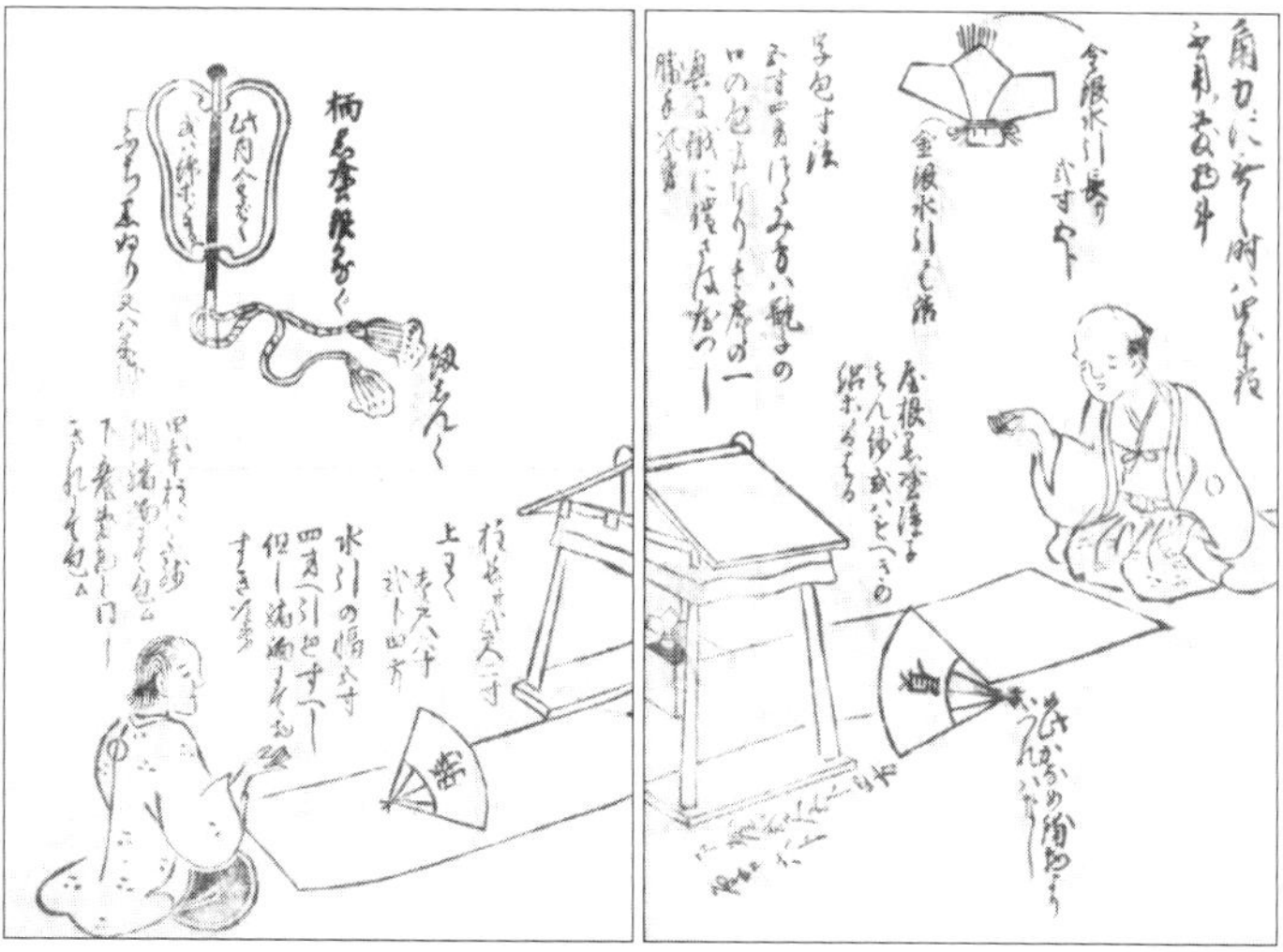

図４　投扇興の様子（『投扇新興』）

向かい合う２人が投扇興を楽しんでいる。的を乗せた台が櫓《やぐら》の中に入っているパターンである。これによって、難易度が上がったのかもしれない。

この頃だろう。

江戸の投扇興は浅草界隈《かいわい》で盛んに行われた。お座敷遊びとして楽しまれ、さらには賭博の対象にもなり一大ブームを形成していく。果ては「投扇屋」というギャンブル専門の小屋まで現れる。座ったまま遊べる手軽さと、そこに漂う優雅な雰囲気、そして簡単にはコントロールできない適度な難しさが、江戸人の遊び心を大いに刺激した。

江戸市中の世相を年代順に記

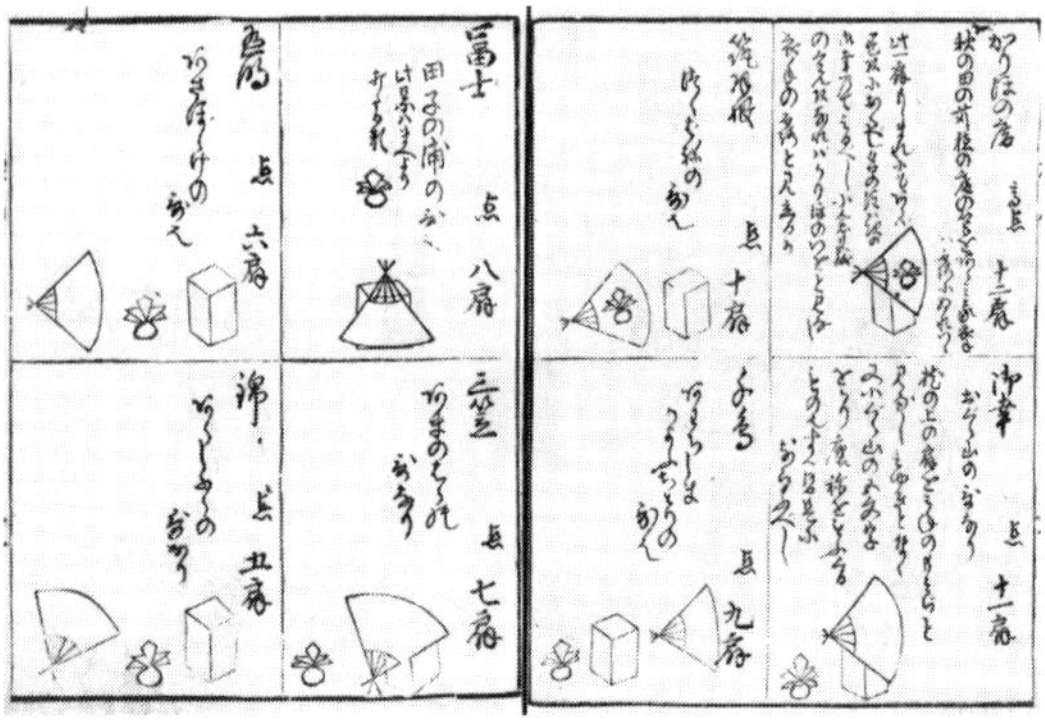

図5　投扇興の点数表（『投扇興図式』）

投扇興は的の落ち方や扇の形のパターンで点数が決められていた。この図には「冨士《ふじ》」「三笠《みかさ》」「御幸《みゆき》」など、そのいくつかが掲載されている。

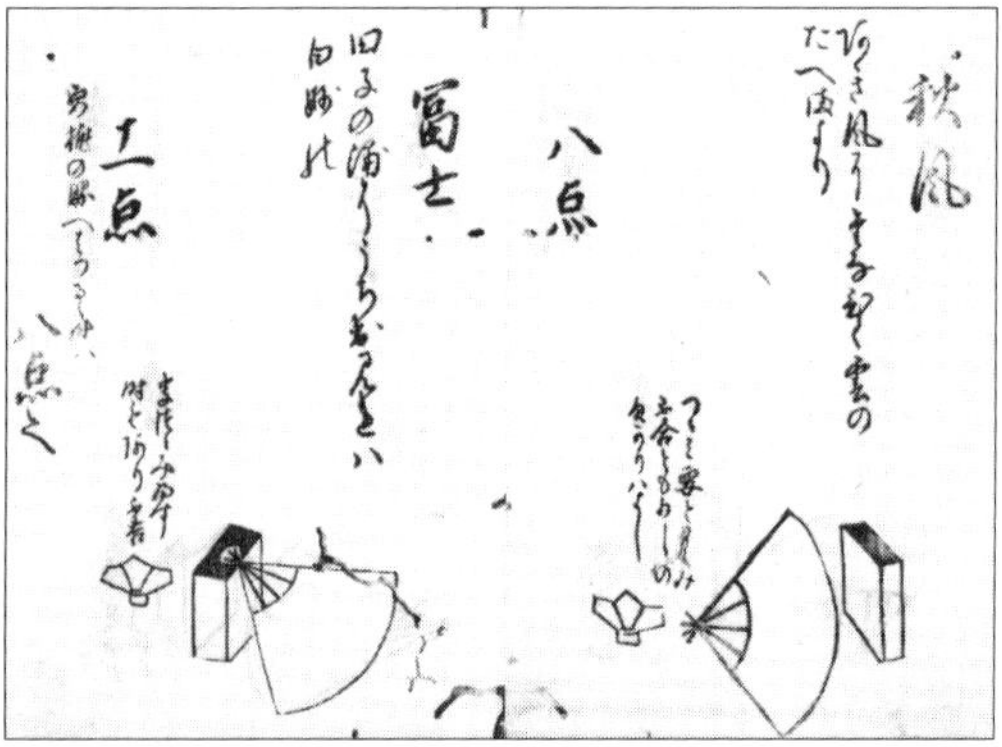

図6　投扇興の点数表（『投扇新興』）

同じく、投扇興の点数表である。こちらははっきりと点数が記されている。「秋風」の状態なら8点、「冨士」は11点がもらえたらしい。投扇興では結果に応じて百人一首を詠むことになっていたが、「冨士」の場合は「田子の浦…」が詠まれた。

述した『武江年表』には、投扇興の記事がたびたび登場する。安永三（一七七四）年の記事には「投扇の戯行はれ、貴賤《きせん》是を弄《もてあそ》べり」とあり、投扇興が幅広い層に親しまれていた様子がうかがえる。ちょうど、投扇興が人気を獲得していった時期と重なっている。

ところが、文政五（一八二二）年には「投扇の戯世に行はれしが辻《つじ》々に見世をかまへ、賭をなして甲乙を争ひしかば、八月にいたりて停められる」と記された。この時代、巷《ちまた》ではギャンブル目的の投扇興が蔓延したため、幕府から禁止令が出されたのである。裏を返せば、投扇興をめぐる江戸人の熱狂ぶりが、幕府も見過ごせないレベルに達していた証拠でもあろう。江戸の禁令とは、その事象の盛況ぶりを知るうえで格好の史料にもなる。

とはいえ、文政五年の禁令によって江戸の投扇興が打撃を受けたことは確かだった。文政期（一八一八～三〇）をピークに、投扇興の営業をする店舗は減少していった（『守貞漫稿』）。だからといって、このスポーツが江戸の町から全く姿を消したわけではない。『武江年表』の嘉永《かえい》二（一八四九）年の記事に「投扇の戯行はる」と書かれたように、相変わらず投扇興は健在だったのである。

投扇興は浮き沈みを経ながらも、江戸の人気スポーツとして存在し続けたといってよい。

【穴一《あないち》】

穴一《あないち》とは、ターゲットを目掛けて物体を投げるスポーツである。穴一の語源は定かではないが、おそらくは「穴打ち」という言葉の訛《なま》りだろうと言われている。

正徳《しょうとく》二（一七一二）年に成立した『和漢三才図会』は「意銭」の文字を当てて「ぜにうち・あないち」を紹介している。二〜三人が銭を出し合って、互いに銭を投げ打つ遊びである。地面に横線を引き、その向こう側に銭を撒《ま》いて各自が一枚ずつ銭を手に持つ。そして、敵の指示する撒き銭を狙って手元の銭を投げ、当たれば勝ち、外れて銭が線の外側に出れば負けとなるルールだった。また、地面に銭が入るほど

図1　穴一の様子（『和漢三才図会』）

18世紀初頭に刊行された『和漢三才図会』には、「意銭」という字を当てて「あなうち・ぜにうち」が紹介されている。この絵は同書に掲載されたイラストで、銭を投げているシーンである。

図2　穴一で用いられたぜぜ貝（『守貞漫稿』）

穴一は、元々は本物の銭を用いていたが、近世後期の江戸では銭が「ぜぜ貝」に取って代えられた。絵は『守貞漫稿』に掲載されているぜぜ貝のイラストである。

の穴を掘り、投げた銭が穴に入れば自分の取り分になるというルールもあった。

近世後期になると、江戸では穴一で投じる物体は、銭ではなく「ぜぜ貝」とか「きしゃご」と呼ばれた貝殻に取って代わる。基本的なルールは、塀や壁の下の地面に二〜三寸（約六〜九㎝）の半円状の穴を掘り、そこから三〜四尺（約九〇〜一二〇㎝）離れた位置に引いたライン上から穴を目掛けて貝を投げた。掘

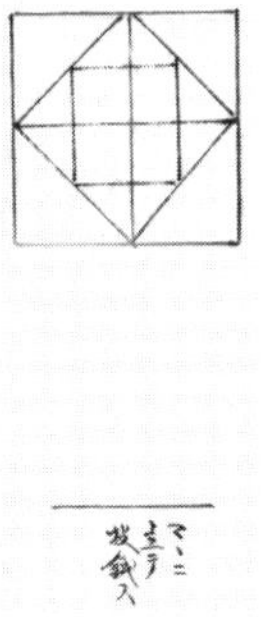

図3　きづのプレーグラウンド（『守貞漫稿』）

『守貞漫稿』に描かれた「きづ」のプレイグラウンドである。きづは、江戸市中で流行した穴一に似たスポーツである。このような模様を地面に描き、手前のラインから銭を投げて勝負を争った。画中には「ココニ立テ投銭ス」と説明されている。しばしば賭け事のツールとなり、幕府からも禁じられていた。

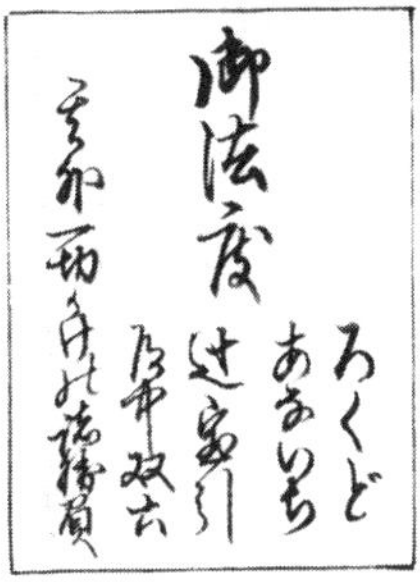

図4　賭け事を禁じる制書
（『守貞漫稿』）

穴一による賭け事は、幕府から厳しく戒められていた。この図は、大坂で店先に貼られていた制書の模写である。「御法度 ろくど あないち 辻《つじ》宝引 道中双六 そのほか一切かけの諸勝負」と記されている。江戸でも同じように、穴一を含む銭賭博は固く禁じられていたが、庶民が禁令におじけづいてギャンブルを止めることはなかった。

った穴に貝が入れば勝ちだが、一つでも入らないものがあれば、他の貝をぶつけて当てた方が勝者となった（『守貞漫稿《もりさだまんこう》』）。ほかにも、地域や時代に応じてさまざまなルールがあったらしい。

絶妙な力加減とコントロールが要求される穴一は、大人の博《ばく》打《ち》の対象としても爆発的な流行を見せる。穴一のほかにも、類似の賭け事として、地面に描いた模様を狙って銭を投げて競う「六度」や「きづ」があったが、いずれも幕府から禁令が出されている。天保年間（一八三〇〜四四）には、江戸の街路や空き地で「キズ」という銭賭博をすることは「風儀宜しからず」だとして、ブラックリストに入っていた（『市中取締類集』）。

路上の店先には、穴一を含む一切の賭け事は「御法度」だと示す張り紙がそこかしこに出されていた。だからといって、規制におじけづいて穴一が衰退したわけではない。穴一に対する禁止令は、明治期に入ってからも継続的に発布されているからである。人びとがいかに穴一に執着していたのか、その人気のほどがうかがえよう。

穴一は子どもの間でも盛んだったが、為政者たちは子どもが穴一で遊ぶことに不安を抱いていた。まだ近世的な生活が続いていた明治元（一八六八）年、京都では子どもの穴一を禁じる法令が発せられている（『京都町触集成』）。未来のギャンブラーを生み出す可能性がある穴一は、教育上好ましくないスポーツだと考えられていたらしい。

2 ぶつける

【印《いん》字《じ》打《う》ち】

印字打ちとは、二チームに分かれて石を投げ合い勝負を争う合戦形式のスポーツである。

日本では古来より、五月五日の端午の節句に印字打ちが行われていた。この石合戦は、豊凶を占う年中行事の意味も含んでいる。現代のようにデータにもとづく気

図1　近世初期の子どもの印字打ち（『大和耕作絵抄』）

元禄期《げんろくき》（1688～1704）に刊行された『大和耕作絵抄』には、子どもたちが端午の節供に印字打ちをする様子が描かれている。二手に分かれて石を投げ合っているシーンである。旗印の下で太鼓を叩《たた》く者、樹上で見物する者もいる。合戦を模したものだろうか。

象予測の技術がない時代、田植えのクライマックスにあたる端午の時期に、印字打ちの結果でそのあとに続く稲作の良し悪しを占い、神の意思を仰いだのである。A、B両チームに分けて、Aが勝てば今年は豊作、Bが勝てばどうも思わしくないらしい、などとあらかじめ決めておいて、大人同士で力いっぱい石を投げ合った。武士の合戦を真似て、一般庶民がエネルギーを発散させる場でもあったのかもしれない。

今川義元の人質になっていた竹千代（後の徳川家康）は、家来におぶさりな

図２　竹千代が見た安倍川の印字打ち
（『教導立志基』）
竹千代が今川義元の人質になっていた時、安倍川の河原で子どもたちの印字打ちを見ている様子を想像した絵である。300人あまりの組とその半分しかいない組との対戦だったらしい。家来に勝負の行方を尋ねられた竹千代は、人数が少ない方が心を一つにしやすいので、少数組が勝つだろうと予言し、見事的中させたという。

がら安倍川（静岡県静岡市）の印字打ちを見物した。三〇〇人の組とその約半数の組とで石を投げ合うのを見た竹千代は、人数が少ない組の方が心を一つにして勝つと予言し、見事に的中させたエピソードがある。幼少期の家康の眼力もさることながら、安倍川の印字打ちの参加者が本当に数百名規模だったとすれば、かなりのビッグスポーツイベントだったことになろう。

近世になると、印字打ちは次第に子どものスポーツとなっていった。端午の節供は菖蒲《しょうぶ》の節供とも呼ばれたため、

「尚武《しょうぶ》」の文字と結びついて男児の年中行事として石の投げ合いが活性化する。『嬉遊笑覧《きゆうしょうらん》』には、江戸の隅田川や浅草川の川幅が狭かった時代、川を挟んだ両軍が五月に石礫《つぶて》を投げ合ったという記録が紹介されている。しかし、ともすれば暴動にも発展しかねないこのスポーツを幕府も放ってはおかなかった。延享元(一七四四)年には、鋳物師や鍛冶屋が行う鞴《ふいご》祭の時に、子どもに交じってたくさんの大人が集まって印字打ちをする風習に対して、幕府が禁令を出した事例もある(『御触書宝暦集成』)。一般人が結集してエキサイトするような行動は、今も昔もお上のターゲットになったらしい。

一八世紀後半から一九世紀初頭にかけて、印字打ちは各地から姿を消していく。江戸では、端午の節供に男児が行うスポーツは、印字打ちから菖蒲打ちへと変わっていった(『東都歳時記』)。縄のように編み込んだ菖蒲の葉を地面に力いっぱい打ち付け、音のボリュームを競ったようである。

雪合戦ならばともかく、石を投げ合う印字打ちは常に危険と隣り合わせだった。

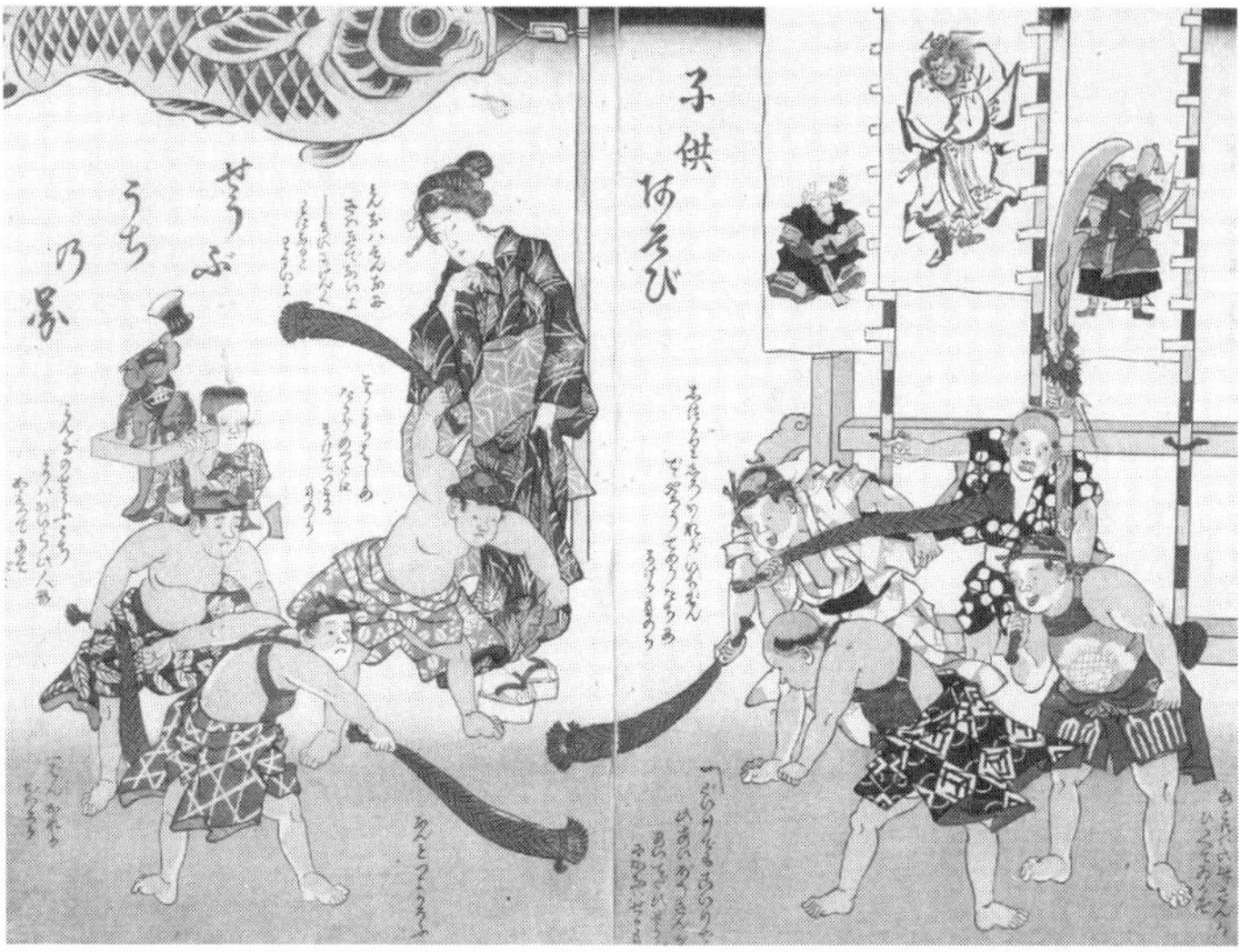

図3　端午の菖蒲打ち
(『子供あそび　せうぶうちの図』)

端午の節供に子どもたちが菖蒲打ちをしている。男児たちが菖蒲の葉を編んで縄状にしたものを地面に打ち付け、大きな音を競い合った。背景には鯉《こい》のぼりや鍾馗《しょうき》、豪傑を描いた幟《のぼり》も立てられている。

合戦を真似て遊んだこのスポーツが、近世という平和な時代になって安全面に配慮する意識も芽生え、衰退したのは当然の成り行きではないか。

【雪《ゆき》打《う》ち（含む雪遊び）】

近世の江戸の冬は、今よりも寒かった。地球規模で見ると、特に一八世紀半ばから一九世紀半ばまでは「小氷期」に相当する。この時期の江戸は酷寒で降雪も多く、安永二（一七七三）年、安永三（一七七四）年、文化九（一八一二）年には隅田川が氷結した記録が残っている（『武江年表』）。江戸の冬の気候は、寒冷多雪だった。

雪が積もれば、子どもたちの出番である。雪を丸めたボールを投げ合うスポーツは「雪打ち」と呼ばれた。石を投げ合う印字打ちとは違って、雪つぶてなら直

図１　雪打ち（『絵本大和童』）

子どもたちが雪打ちをする様子である。雪のボールを作る者、投げる者、逃げる者、相手が投げた雪を傘でディフェンスする者などが描かれている。画中上部には、雪玉を転がして巨大化させている子どもたちの姿もある。

図２　雪合戦（『子供あそび錦絵集　むつの花 子供の戯』）

大規模な雪合戦が描かれたこの絵画は、幕末の戊辰《ぼしん》戦争の風刺画である。旧幕府軍と新幕府軍の対戦を雪合戦で表現している。モチーフはともかくとして、当時の雪合戦の様子が捉えられていて面白い。

図3　様々な雪遊び（『新板子供遊びの内　雪あそび』）
積雪を待っていたかのように、子どもたちが活き活きと雪遊びをしている。本文で取り上げた雪打ち、雪玉転がし、雪だるまつくり、竹馬、氷叩きのほかにも、団子状にした雪をぶら下げている子どもが右端に描かれている。これは「雪つり」と呼ばれた。

撃しても致命傷を負うことはまずない。そのような安全性からも、子どもには打ってつけのスポーツだったといえよう。

雪打ちが二手に分かれたチーム戦となれば「雪合戦」である。近世の浮世絵を見ると、子どもたちが丸めた雪を互いに投げ合っていて、中には傘でディフェンスする子どもの姿も描かれている。高い所から戦況を見守る役割の者を配置して、合戦さながらの本格的な乱戦として行われる場合もあった。

雪打ち以外にも、子どもたちは雪玉を転がして大きくし、雪だるまを作って遊んだ。雪玉を押し歩いて巨大化させるにはかなりのパワーが要求されるため、子どもは数名でこれに取り掛かった。

図4　大人の雪だるま作り
(『江戸名所道戯《どうけ》尽《つくし》廿《にじゅう》二《に》御蔵前の雪』)

雪だるまを作ったのは子どもだけではなかったらしい。この絵画には、雪だるまを作る大人の姿が描かれている。近世の雪だるまとは、今日のような胴体と頭の2段を重ねたものではなく、文字通り「達磨《だるま》」がはっきりイメージできる形状だった。

明治三四（一九〇一）年刊行の『日本全国児童遊戯法』には、「最初手にて雪を集め一団塊となし、それを転がし押しあるくときは、漸時に雪付着して大塊となり、ついに動かし得ざるほどになるを興ありとなし、数個を作り出すことあり」と書かれている。子どもたちが競ってたくさんの雪の大玉を作っていた様子が浮かび上がってくる。おそらくは、近世の江戸でも子どもたちは同じように遊んだことだろう。

ほかにも、雪の中を竹馬で歩いたり、氷に紐《ひも》を付けて叩《たた》いて歩き回る「氷叩き」をすることもあった。

【独楽《こま》まわし】

古代の昔に中国から伝わった独楽まわしは、近世の江戸では、子どもを中心に四季を通じて親しまれるスポーツとなっていた。円形の胴体に心棒を刺し、地面に放り投げて回転させるもので、今日にも引き継がれている。

『守貞漫稿《もりさだまんこう》』には、独楽の種類として「銭独楽」「竹独楽」「叩《たた》き独楽」「貝独楽《ばいごま》」が紹介されている。銭独楽とは穴あきの銅銭数枚を重ね、中心に心棒を通したもので、元禄期《げんろくき》（一六八八～一七〇四）に登場した。銭独楽はコンパクトサイズだったので、手の指で心棒の上下を押さえて地面に投げて回転させたり、それ

図1　独楽（『守貞漫稿』）

『守貞漫稿』に掲載された一般的な独楽のイラストである。添えられた解説文によれば、独楽のサイズは大小さまざまで、心棒の長さも多様だったという。

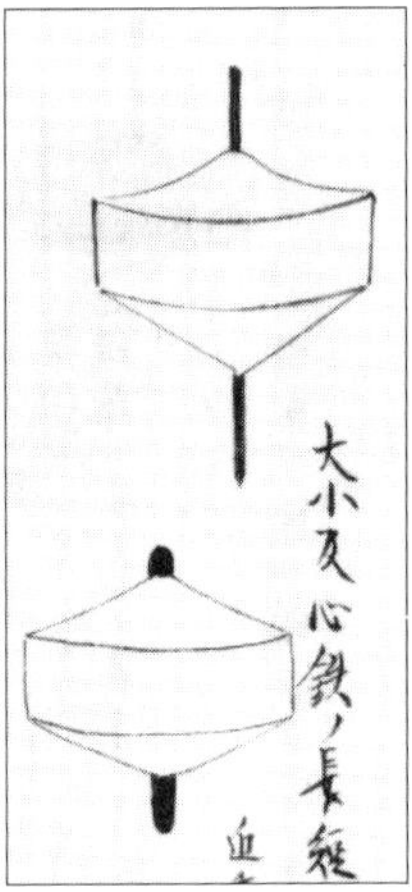

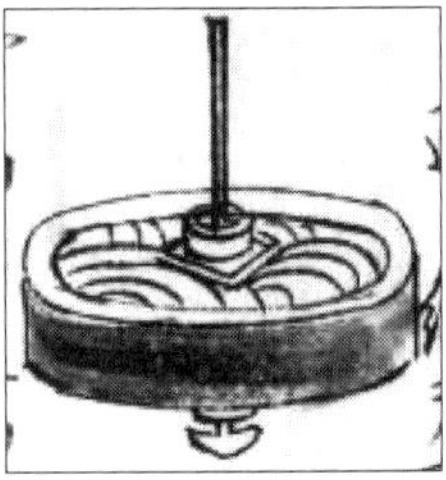

図2　銭独楽（『守貞漫稿』）

銅銭の穴があいた部分に筆軸を通し、心棒として竹を刺して、底の部分を尖《とが》らせて作った。京都や大坂では、本当の銭を使わずに土を固めて代用する製法もあったという。

図3　竹独楽（『守貞漫稿』）

竹独楽のルーツは定かではないが、『守貞漫稿』によると、5寸（約15㎝）ほどに切った竹筒の皮を削り取って上下を桐板で塞ぎ、中心に竹の心棒を刺す製法だった。心棒の上部に紐を巻いて、その余りを画中左側の丸い穴に縛り付けておき、これを勢いよく引っ張ると独楽が回転する仕組みである。

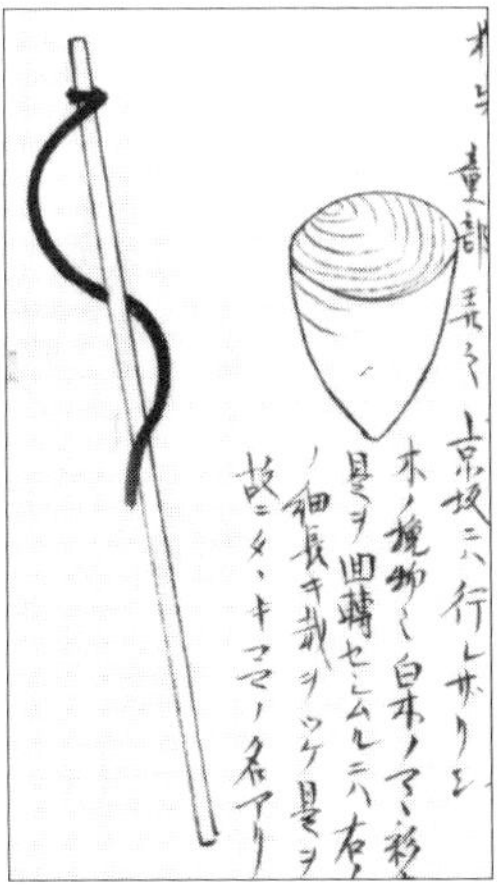

図4　叩き独楽（『守貞漫稿』）

江戸で流行した叩き独楽である。白木で作る独楽で、高さは1寸5分（約4.5cm）ほどのサイズだった。画中左側に描かれているように、棒の上部に細長く裁断した木綿をつけて、これを鞭《むち》にして叩いて独楽を回した。『守貞漫稿』には、叩き独楽は貝独楽から派生した形態ではないかと書かれている。

図5　貝独楽（『守貞漫稿』）

『守貞漫稿』によれば、巻貝を加工して作るこの独楽は「貝独楽」ではなく、人びとには「貝《ばい》」と呼ばれていたらしい。2人が同時に独楽を回してぶつけ合い、はじかれたり先に倒れた方を負けとした。賭け事の対象として、大いに賑《にぎ》わいを見せた。

をつまんで掌《てのひら》で回すような遊び方もあったらしい（『嬉遊笑覧《きゆうしょうらん》』）。

竹独楽は、竹筒の皮をそぎ落として、上下を桐《きり》板で塞《ふさ》いで竹の心棒を刺して独楽の形にした。回転すると内部に風が入って音が鳴ったため、江戸では「ごんごん独楽」とも呼ばれていたという。その他、江戸で

図6　子どもの独楽まわし（『子供遊《こどもあそび》勇《いさむ》当独楽《あてごま》』）

慶応4（1868）年頃の作品である。子どもたちが正月遊びとして独楽まわしを楽しんでいる。互いの独楽をまわし、はじかれたり、先に倒れたら負けというルールである。これを「当独楽《あてごま》」と呼んだ。

は天保期（一八三一～四五）頃に流行った木製の独楽を鞭《むち》で叩いて回す叩き独楽、心棒のない巻貝を回して他者の独楽とぶつけ合う貝独楽があった。

　江戸では文化期（一八〇四～一八）頃から賭け事の対象として貝独楽が流行する。二人で同時に独楽を回して、独楽がはじかれたり先に倒れた方が負けである。勝者が敗者の独楽を奪う慣わしだった。

やがて、巻貝の中に鉛を流し入れた既製品も販売されるようになる。後に「ばいごま」という呼び方が訛《なま》って、「べえごま」となっていく。

独楽まわしのルールもさまざまである。回転時間の長さを競うものが一般的だったが、独楽から発せられる音の高さを比べたり、投げ上げた独楽を紐《ひも》で受けて綱渡りを披露する妙技も存在した。江戸では嘉永《かえい》二〜三（一八四九〜五〇）年頃から、貝独楽に見られるように互いの独楽をぶつけあって勝負する形式が定着する（『守貞漫稿』）。これを「当独楽《あてごま》」と呼んだ。

江戸市中では、子どもをはじめ多くの人びとが独楽まわしに熱狂した。特に、貝独楽は賭け事の対象にもなったことから、ギャンブル好きの江戸人に大いに歓迎されたことだろう。江戸の親父橋西詰には、代々続く独楽の名工も存在した。

近世には、元禄一四（一七〇一）年、宝永三（一七〇六）年、宝永七（一七一〇）年、享保一四（一七二九）年、天保一三（一八四二）年に幕府から独楽まわしの禁令が出されている。賭け事をはじめ独楽まわしを巡る騒動が理由だが、度々規制を受けながらも、それを物ともせずに独楽まわしが続いていたことがわかる。そのくらい、独楽まわしはエキサイティングなスポーツだったのである。

第5章

飛ばす【と-ばす】

1 飛ばす

2 射る

1 飛ばす

【鷹狩《たかが》り】

鷹狩りとは、飼いならした鷹を飛ばして野山を駆け巡り、獲物を捕るスポーツである。権力を象徴するようなスポーツで、古来より世界各地で高貴な地位を占める者によって楽しまれてきた。

日本でも、古代の昔から天皇を中心に鷹狩りが行われていた。鷹狩りは中世に

図1　江戸の鷹匠
(『富嶽三十六景』)
北斎の『富嶽《ふがく》三十六景』のうち「下目黒」を描いたものの拡大図である。近世の目黒一帯は、鷹狩りの場所としても有名だった。2人の鷹匠の姿が見え、いずれも左手に鷹がとまっていることがわかる。

なると武士層にも広まり、武士の屋敷で鷹が飼育されることもあったそうである。その風習は戦国武将にも受け継がれた。織田信長は大の鷹好きで知られたし、徳川家康は駿府《すんぷ》に住んだ晩年、江戸と駿府を往復する道中で毎年のように鷹狩りに熱中していたという。

家康は江戸近郊でもしばしば鷹狩りを行い、その風習は後の将軍家にも引き継がれていったが、五代将軍の綱吉の時代には「生類憐《しょうるいあわれ》みの令《れい》」の影響で廃止となった。やがて、将軍家による鷹狩りを復活させる人物が登場した。八代将軍吉宗である。伊勢国《いせのくに》一帯が紀州徳川家の鷹場（鷹狩りをする場所）となっていて、かねてから吉宗も鷹狩りの虜になっていた。将軍になった吉宗は、多くの鷹匠《たかじょう》（鷹を飼育、訓練し、鷹狩

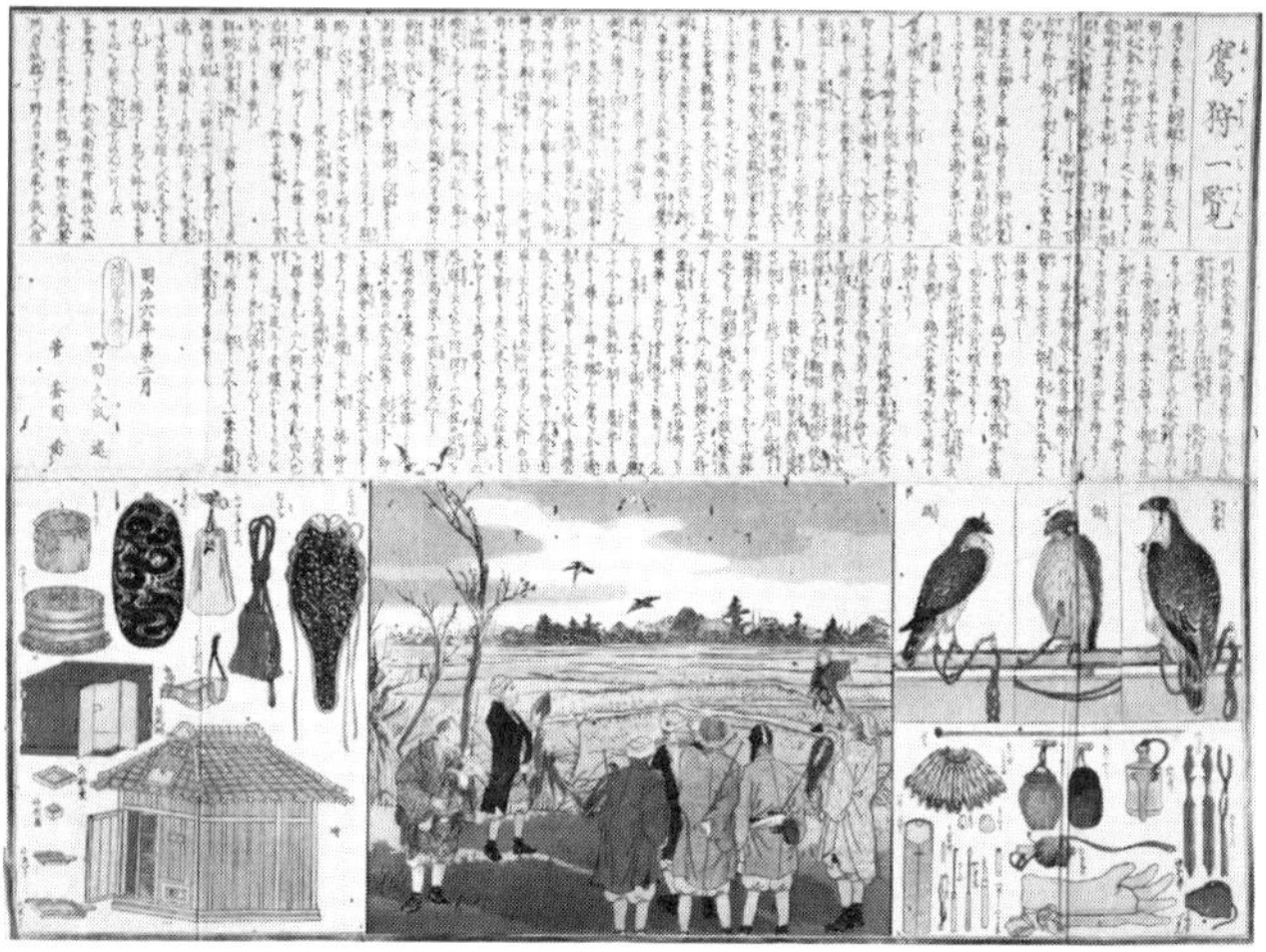

図２　江戸の鷹場を題材にした教科書（『教草』）

明治6（1873）年のウィーン万国博覧会で紹介した日本の伝統的な技術や産業などを、子ども向けにわかりやすく図解した『教草《おしえぐさ》』の中の１枚である。鷹の種類、道具、調教方法、狩りの時期などが記されている。

りに随行する専門職）を連れて江戸城入りするほどの熱の入れようである。

　こうして、将軍家による江戸の鷹狩りが繁栄していくことになるが、近世には鷹狩りの組織化や制度化も進む。江戸近郊の幕府の鷹場は、寛永五（一六二八）年には沼部、世田谷、中野、戸田、平柳、渕江《ふちえ》、八条、葛西の各領地だった。吉宗就任後の享保三（一七一八）年には、葛西、岩渕《いわぶち》、戸田、中野、目黒、品川が鷹場に定められる。鷹場に指定された村落は、「御鷹場法度」という特別な法令によって律せられていた。法令の中身は、密猟者の摘発、鷹狩りの際の騒音禁止などが中心だったらしい。鷹場の住人の中から、そのエリアの管理者が選抜される慣わしになっていた。

江戸幕府の鷹狩りにまつわる制度設計は徹底していた。職制の中に鷹匠が組み込まれ、そのトップに君臨する者を「鷹匠頭」と呼び、その下位に「鷹匠組頭」を配置している。鷹匠組頭の下で実働部隊として動いたのが「鷹匠」だった。鷹匠とは別に、「鳥見」という職もあった。鷹場を巡回して野鳥の状態を把握することが仕事である。こうしたトップダウンの組織体制が、将軍家が愛する鷹狩りというスポーツを支えていた。

ちなみに、吉宗は鷹狩りをするにあたって、家来が草鞋《わらじ》の履き方も知らず、狩場を走る姿が女性や子どものようだと嘆いたというエピソードがある。吉宗の鷹狩り復活は、自身の趣味というだけではなく、平和ボケした武士に運動を奨励し、士風を取り戻す意味合いもあったに違いない。

【凧揚《たこあ》げ】

凧揚げは、細い竹でつくった骨組みに紙を貼り、これに糸をつけ、風を利用して空に飛ばすスポーツである。中国発祥の凧揚げは、平安時代以前に日本に伝わった。当時は大人の技芸だったが、近世には子どもの正月遊びとして繁栄する。

近世を通じて、凧揚げは三都で広く行われていた。凧を飛ばすことを江戸では「揚げる」と表現し、上方では「昇《のぼ》す」と言っていたらしいが、凧の形や飛ばし方に大きな違いがあったわけではない（『守貞漫稿《もりさだまんこう》』）。手元で糸を巧みに操作し、より多く糸を出して飛距離（高さ）を競った。

図1　子どもの凧揚げの様子

(『今様櫛𥶡雛形《いまようせっきんひながた》』)

葛飾北斎が描いた凧揚げをする子どもたちの姿である。手元で糸を操って、空高く凧を飛ばした。立春の季節に空を見上げることは養生《ようじょう》に効くと言われていたため、凧揚げは健康的なスポーツとして江戸の正月を彩る風物詩の地位を確立していった。

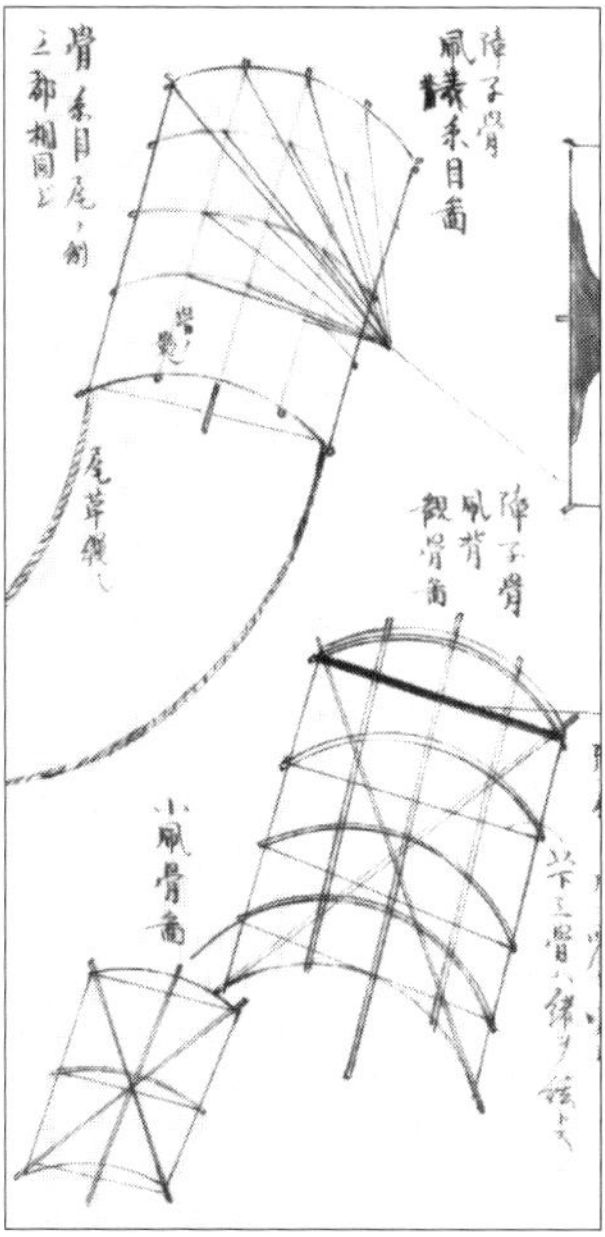

図2　凧の骨組みの図

(『守貞漫稿』)

凧の骨組みを記した図版である。このような基礎の上に紙を貼れば凧が完成する。貼り付ける紙に書かれる絵柄は男児が喜ぶ武者や英雄が多かったが、絵ではなく蘭《らん》、壽《ことぶき》、鷲《わし》、龍《りゅう》、嵐、錦、虎などといった1文字を大きく書き記す字凧も存在した。絵凧に比べて、字凧は安価だったという。

図3　江戸市中の凧揚げの様子
（『江戸府内絵本風俗往来』）
数名の子どもが、凧を揚げる準備をしているところである。屋根の向こう側にはたくさんの凧が揚がっている。人通りが多く、現代の感覚では通行人の邪魔になるので好ましくないようにも思えるが、正月の江戸ではそこかしこで凧が揚がっていて、たとえ交通の妨げになっても寛容に受け止められていた。

一七世紀中頃までは、江戸の凧揚げは武士の子弟が嗜《たしな》むスポーツだったが、元禄期《げんろく》（一六八八～一七〇四）頃を境に一般庶民の子どもが楽しむようになる。当時の江戸では、「立春の季には空を向くは養生《ようじょう》の一」などと言われ、立春の頃に上空を見上げる姿勢を取ることは養生法の一つだという認識もあった。そのため、空に顔を向ける凧揚げは、子どもの健康を願う親心も手伝って推奨されていた側面があったのである。また、凧の高さを競うだけではなく、互いに凧糸を絡めて凧を奪い合う「からめッ子」というスタイルもあったと言うから面白い（『江戸府内絵本風俗往

図４　凧揚げを楽しむ子どもと大人
（『江戸府内絵本風俗往来』）
凧を手にした子どもたちが集まっている。軒先に絵凧や字凧も掛かっているので、凧の販売店だろうか。画中左には、身丈ほどの凧を背負って歩く子ども、そして凧を飛ばそうとする大人の姿が描かれている。江戸では大人も凧揚げというスポーツを楽しんでいた。身分を問わず、武士も庶民も凧揚げの虜になり、ビッグサイズの大凧も流行した。大金をつぎ込んで華美な凧を揚げようとする者も出て、しばしば幕府の規制の対象となる。

来』）。

ところで、江戸の凧揚げは大人のスポーツとしても栄えたが、これは子どもの遊びとはスケールが違った。延享～寛延期（一七四四～五一）には大凧が流行し、土州《どしゅう》藩の江戸屋敷が揚げた凧の長さは邸の半分にも及んだと言われている。大人の凧揚げは、純然たるスポーツの域を超えて、藩の力を誇示するツールにもなっていたことがわかる。凧が次第に大型化し華美になると、ついに幕府が物申す事態へと発展する。天保一二（一八四一）年、幕府は凧の販売元に対して大型で高価な凧を商うことを禁じている。反面、禁令が出たということは、幕府が見過ごせないレベルで凧揚げが流行していた証拠にもなろう。

江戸市中にて凧揚げを禁止する法令は、正保三（一六四六）年、承応三（一六五四）年、万治二（一六五九）年など一七世紀から頻発しているが、天明四（一七八四）年の禁令はひときわ目を引く内容である。この時、江戸城内での大凧揚げのイベントで数名が上空に吊《つ》り上げられ、死亡事故が発生した。ビッグサイズの凧は、人目を引く反面、危険も伴ったのだろう。

幕府の規制を物ともせず、江戸の凧揚げは正月の風物詩として定着した。凧揚げは通行人の妨げになったが、そんなことはお構いなしに、江戸市中のありとあらゆる場所で凧が揚げられていた。流行に乗じて、高貴な武士が通行するエリアでも公然と凧揚げが行われたが、武士もこれを容認していたらしい（『江戸府内絵本風俗往来』）。

風向きや風量に応じた巧みなコントロールが要求されるこのスポーツは、江戸中の人びとを虜にしていたのである。

2 射る

【楊弓《ようきゅう》】

楊弓とは、楊（柳）製の小型の弓を用いて的を射る競技である。もともとは、中国から伝わった宮廷の年中行事だったが、近世には江戸や上方の都市部で庶民が日常的に興じるようになった。

楊弓をするための競技場のことを、江戸では「矢場《やば》」「結改場《けっかいば》」などと称した。

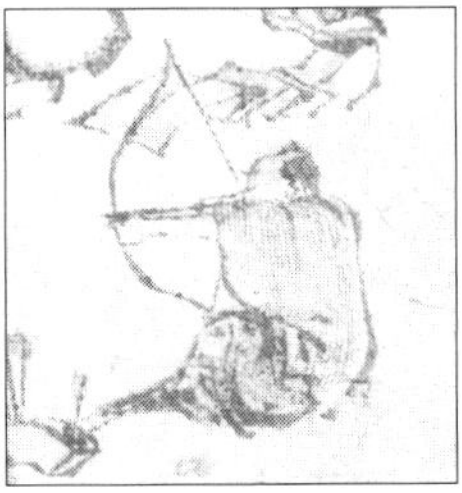

図1　楊弓をする男性
(『北斎漫画』)
葛飾北斎が描いた楊弓をする男性の姿である。座った状態で弓を引くのが基本的なフォームだった。

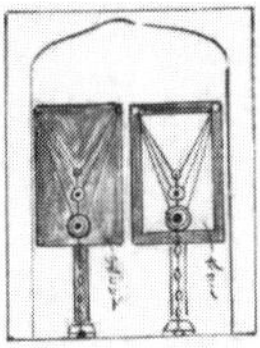

図2　江戸の楊弓で用いられた矢場、的、矢(『守貞漫稿』)
矢場の室内は長方形の設計だった。最も手前（画中下部）は土間で、その先のエリアから奥の的（画中上部）に目掛けて発射した。四角形の外枠に吊るされた丸い物体が的である。扇形の収納具から矢を取り出して射るのが江戸のスタイルだった。

座った姿勢から発射する楊弓は、広大な敷地を必要とせず細長い空間があれば十分だった。小屋の手前側から奥に設置された的を目掛けて矢を放ち、命中した本数によって得点を競う。

江戸市中で楊弓競技が栄えたエリアは、浅草奥山、日本橋四日市、両国橋西、愛宕《あたご》山、神田明神、湯島天満宮、芝神明など、名のある寺社の境内《けいだい》や広小路である。矢場の営業は、盛り場の集客力を背景に成立していたといえよう。

一九世紀の江戸では、毎年五月と九月の二五日に「結改総会」という楊弓の競技会が開かれていた。優勝者には「江戸一」の称号が与えられ、江戸中の矢場の看板にその名が大きく掲げられたという（『東都歳時記』）。こうして、手軽に楽しめる楊弓競技は着実に人気を獲得していった。矢場の経営陣が一丸となって江戸の人びとの競争熱を煽《あお》り、楊弓に関心を引き付けようとした様子がわかる。

ほかにも、糸で吊《つ》るした物品を狙わせ、命中したら景品（妻楊枝《つまようじ》、歯磨、硝子《ガラス》鏡などの事例がある）を出す仕組みも生まれた。

図3　矢場の内側（『楊弓場』）

司馬江漢（鈴木春重）が描いた楊弓の様子である。制作年は不明だが、江漢の生存年（1747～1818）から、18世紀末～19世紀初頭の江戸の矢場ではないだろうか。他の絵画と比べて矢場の内側がよくわかるのが特徴で、『守貞漫稿《もりさだまんこう》』に描かれたものと同様の楊弓用具が見られる。隣で射手をサポートする女性は、「矢場女」とか「矢取女」と呼ばれた従業員である。

図4　上野山下で行われた楊弓の様子
（『絵本吾妻《あづま》の花』）

江戸の盛り場の一つ、上野山下の矢場が屋外からの構図で描かれている。明和5（1768）年刊行の書物だが、楊弓について「今 江戸にて大におこなはるゝなり」と書かれていて、当時の江戸での盛況ぶりを知ることができる。男性2人が横並びで座って楊弓を楽しんでいる。

図5　楊弓の弓矢を作る職人
（『今様職人尽百人一首』）

江戸の楊弓人気は用具を作る職人にも支えられていた。江戸市中には、好記録を生む高性能の弓矢を作る「楊弓師」が数多く存在した。この絵は享和年間（1801 ～ 04）刊行の文献に描かれた楊弓師の姿で、右の職人は弓を、左の職人は矢を製造中である。

毎月、寺社に地代を払って営業許可を得ていた矢場の所有者たちは、経営努力を怠らなかったのである。

　実のところ、楊弓が江戸人の心を捕えて離さなかったのは、その競技性だけが理由ではない。矢場には女性従業員が置かれたが、「矢場女」「矢取女」などと呼ばれたこの女性たちが商売繁盛の鍵を握っていた。矢場女は、的の周りに落ちた矢を拾って集めることを表向きの仕事としながら、裏側では客を相手に春を売るという別の顔

図６　楊弓の矢を製造する職人
（『人倫訓蒙図彙《じんりんきんもうずい》』）

同じく楊弓師である。絵画には楊弓の的も描かれていて、この職人が楊弓に必要な道具一式（矢、弓、的）を一手に製造していた可能性を抱かせる。

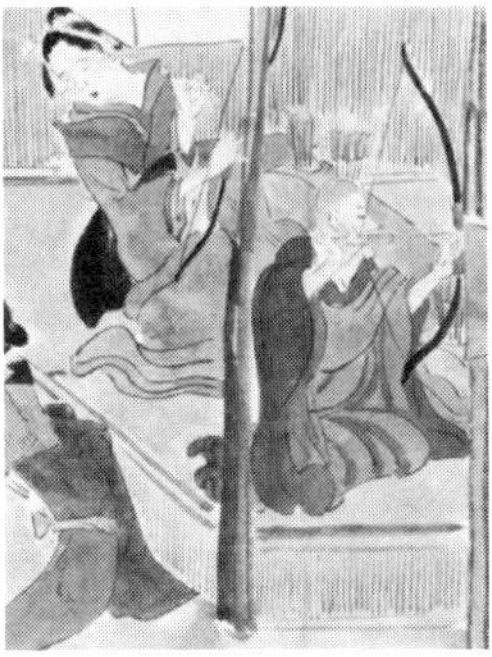

図７　江戸の浅草奥山で行われた楊弓
（『職人尽絵詞』）

楊弓を楽しむ僧侶の姿が描写されていて、江戸に住む幅広い身分・職業の人びと（あるいは旅行者も）が矢場を訪れたことが想像できる。隣で弓を手にした女性は、楊弓の射手だろうか。それとも矢場女だろうか。

を持っていたのである。したがって、楊弓の盛況ぶりは矢場女の存在とセットで考えなければならない。楊弓を楽しみにきたふりをして、実際には女遊びを目当てに足繁く矢場に通った男性客が多くを占めていたからである。また、競技の行方が賭博の対象となっていたことは言うまでもない。

享和二（一八〇二）年、浅草寺境内に店を構えていた一軒の矢場の経営権が売却されている。それを買い取ったのは、下総国葛飾郡

図8　浅草寺境内（浅草奥山）の矢場の概観（『江戸名所図会』）
浅草寺境内の浅草奥山の北側を描いた挿絵である。この一帯には、二桁にのぼる矢場が軒を連ね楊弓専門のエリアが形成されていた。当時の江戸市中で楊弓に大きな需要があったことがわかる。

鬼越村（千葉県市川市）の五兵衛という人物だった。浅草寺境内の矢場の経営が、江戸から遠く離れた鬼越村の有力者によって牛耳られていた事実は興味深い。楊弓という江戸のスポーツが、収益を見込めるビジネスとして遠方の有力者の耳にまで届き、ついには経営権を手中に収めるに至った事例である。

このように、江戸の楊弓は競技性に加えて、矢場女との遊興や賭博といった別の魅力を男性客にアピールすることで命脈を保っていた。天保の改革では、矢場での売色や賭博が取り締まられたが、ほどなくして復活し幕末には全盛期を迎えている。

【通《とお》し矢《や》】

通し矢は、三十三間堂の軒下を舞台に、規定の距離を矢で射通す競技である。定められた時間内で矢を打ち続け、的を射抜いた数を競う。三十三間堂といえば京都の蓮華《れんげ》王院本堂が有名で、ここでは昔から武士の弓術鍛錬として通し矢競技が実施されていた。

京都をモデルに江戸の浅草に三十三間堂が建立されたのは、寛永一九（一六四二）年のことである。時は三代将軍家光の治世で、日本ではいよいよ泰平の世の中が築かれつつあった。戦乱から遠ざかった武士にとっての弓術は、実戦での殺

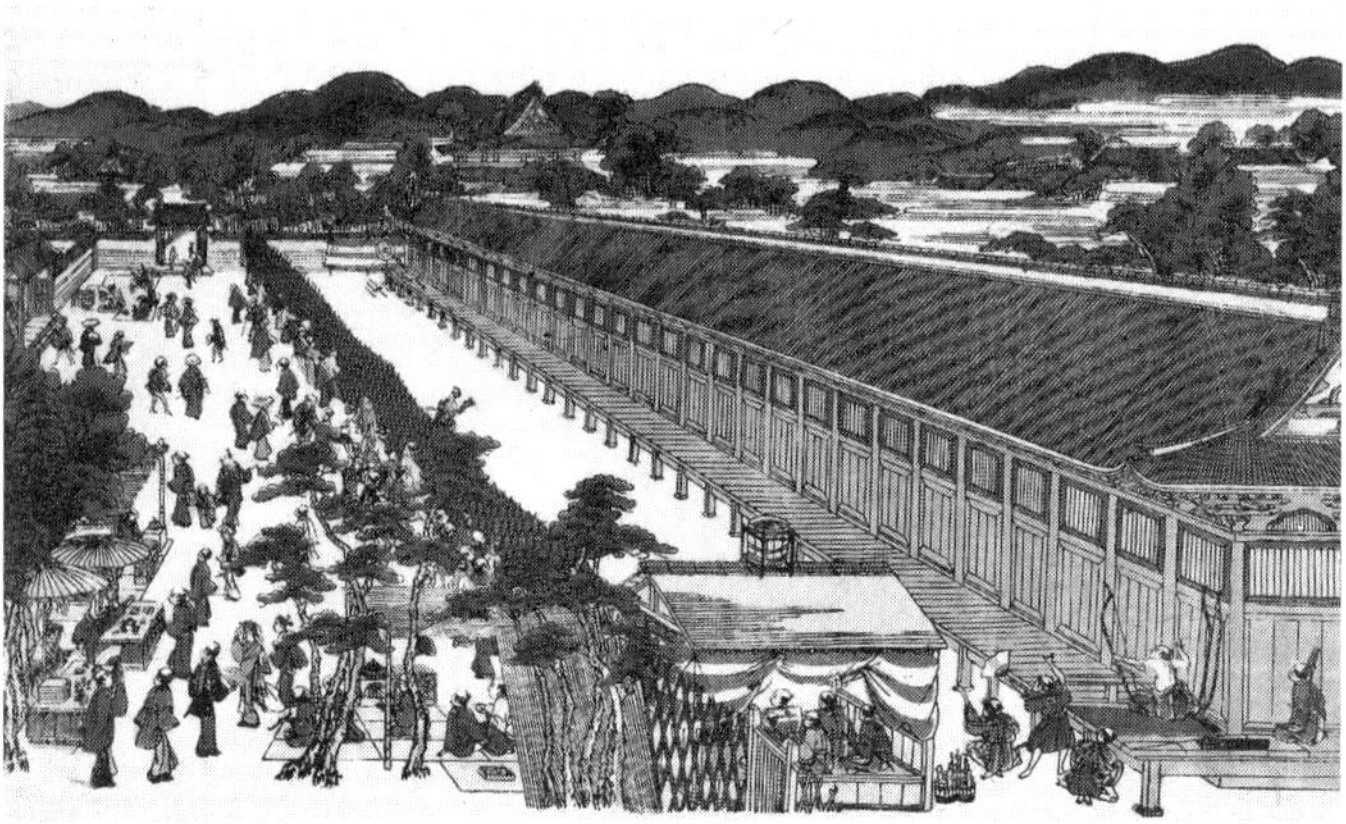

図1　京都の三十三間堂の通し矢競技（『浮繪《うきえ》和《わ》國《こくの》景跡《けいせき》京都三拾三軒堂之図』）

京都の三十三間堂で行われた通し矢競技の様子が描かれている。江戸の三十三間堂は京都のそれをそっくりそのまま模倣して造営されたため、江戸の通し矢競技もこの絵画と大同小異だったと考えてよい。軒下の手前側には射手の姿が見え、反対側には横長の幕に円形の的が取り付けられている。フェンスの外には観客が描かれ、通し矢が「みるスポーツ」にもなっていたことがわかる。左下には売店があるので、飲食しながら観戦を楽しむ者もいたのではないか。

図2　江戸深川の三十三間堂の見取り図（『江戸三十三間堂矢数帳』）

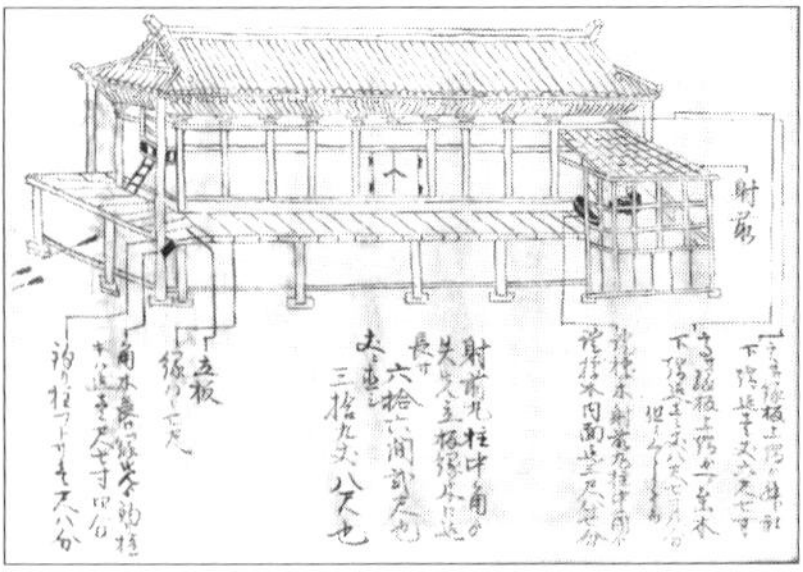

江戸深川の三十三間堂は元《げん》禄《ろく》14（1701）年に建立された。通し矢は堂の西側の縁側で行われ、南にあった「射前」の位置から北の立板縁に向けて矢を射通した。その長さは、オリンピックのアーチェリー競技（70m）より50mも長い約121mだった。

図３　深川の三十三間堂（『江戸名所図会』）

江戸の三十三間堂が鳥瞰《ちょうかん》図で描かれている。三十三間堂は、正面の柱の間が33あることからこの名が付いたとされる。柱の間隔は２間で、実際の堂の大きさは南北66間（約121m）、東西４間（約7m）だった。

傷能力よりも技術的な巧みさに重きを置く「芸」の道を歩んでいた。技術の優劣が数で示される通し矢競技は、武士にとって恰《かっ》好《こう》の腕試しの場となる。江戸の三十三間堂は、待望のスポーツ施設だったといえよう。

時代の波を敏感に察知し、浅草の三十三間堂の建立を発案したのは、新両替町に住む備後という弓職人だった。三十三間堂の通し矢が流行すれば、記録を追求する人びとが高性能の弓矢を買い求めるようになり、弓矢が飛ぶように売れるという算段が成り立つ。江戸の三十三間堂建立の背景には、弓職人によるものの見事な経営戦略が潜ん

図4　深川の三十三間堂（『東都名所』）

江戸の三十三間堂が真横からの構図で描かれている。歌川広重の作品で、堂の長さがうかがえる描き方である。浅草から移転した深川の三十三間堂は、明治初期に至るまで幾多の名勝負を生み出した通し矢競技の舞台となった。

図5　弓の稽古をする武士

（『北斎漫画』）

葛飾北斎が描いた弓の稽古をする武士の姿である。通し矢競技は、武士の弓術鍛錬の場となっていた。浪人や藩士が参加し、日頃の稽古の成果を存分に発揮して競い合った。

でいたのである。

やがて、浅草の三十三間堂は火災で焼失したものの、元禄《げんろく》一四（一七〇一）年には深川に再建される。富岡八幡宮《はちまんぐう》の東に位置する好立地が選ばれたのは、通し矢競技の需要を物語っている。以後、度重なる焼失や風雨による倒壊という被害を受けながらも、深川の三十三間堂は通し矢人気に支えられて繰り返し復活し、武

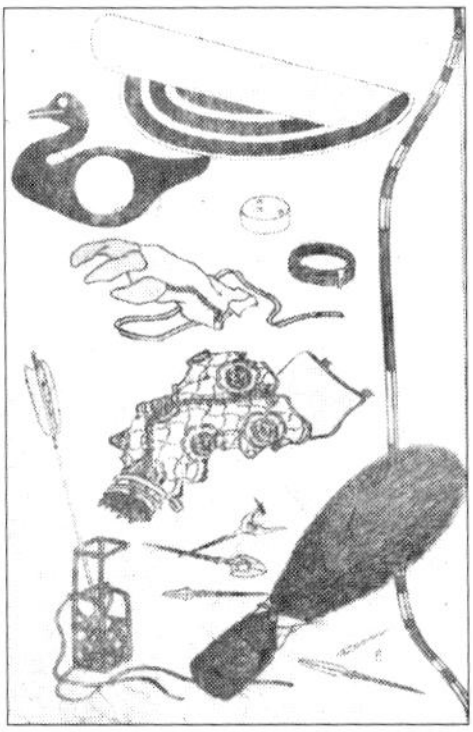

図6
弓の稽古に用いる道具類
（『北斎漫画』）

武士が弓術の稽古に用いた道具類である。弓と矢だけではなく、手甲や白黒の的など様々な道具が必要だったことがわかる。

図7　弓を製造する職人（『人倫訓蒙図彙《じんりんきんもうずい》』）

17世紀末の文献に描かれた弓職人の姿である。これは上方の文献だが、江戸でも弓矢の製造業は盛んで、京橋あたりには弓職人が住む「弓町」が存在した。江戸の三十三間堂は弓職人の発案によるものだったが、これは平和な時代に武具が売れなくなることに危機感を抱いた江戸の弓職人たちによる、生き残りをかけたプロジェクトだったのかもしれない。

図8　弓矢を製造する職人（『北斎漫画』）

画中の右には弓師、左下には矢師が描かれている。三十三間堂の通し矢の距離は121mと長いので、弓矢の性能が重要だったのは言うまでもない。職人が新製品を開発すれば、雄藩は大金をつぎ込んで買い求めたことだろう。種目によって用いる弓矢も異なったので、通し矢の盛況ぶりは彼らに商売繁盛をもたらすことになった。

士の弓術鍛錬の場として存在し続けた。

通し矢競技の距離と時間は種目によって異なったが、最もハイレベルな種目が「大矢数」である。本堂軒下の端から端までの約一二一mの距離を、一昼夜（約二四時間）にわたって矢を放ち続け、的中した矢数を競うルールだった。オリンピックでお馴染《なじ》みのアーチェリー競技の距離が七〇mなので、通し矢の方が五〇mも長い。

大矢数の最高記録者には「天下一」の称号が与えられたが、これが各藩の対抗意識に火をつける。通し矢は単なる個人間の腕試しにとどまらず、藩の威信をかけた一大スポーツイベントへと発展していった。すると、雄藩は優秀な射手の召し抱えに走り、「天下一」の名を我が藩のものにしようと躍起になる。実際には、尾張藩と紀州藩の一騎打ちという戦力図になっていたらしい。各藩の小さなナショナリズムを刺激したことが、通し矢の人気を決定づけたのである。

通し矢の種目は、大矢数以外にも多様である。距離を半分にした「半堂」や、時間を日中のみ（約一二時間）に短縮した「日矢数」、一〇〇〇本の矢を射てその的中数を競う「千射」などがあった。難易度の低い種目には子どもたちも挑戦した。江戸の通し矢の記録をまとめた『三十三間堂矢数帳』によれば、六〜七歳など一〇歳未満の参加者も少なくなかったことがわかる。京都と比べて時間や距離の種別が多い江戸の通し矢は、ジュニア世代を含む幅広い年齢層が参加できるように工夫されていたのである。このようなルール設定も、通し矢人口の拡大を見込んだ弓職人のアイデアだったような気がしてならない。

【破魔弓《はまゆみ》】

現在、破魔弓といえば、正月の縁起物として作られた弓矢を指すことが多い。しかし、破魔弓は最初から贈答用の品物だったわけではない。破魔弓は、近世初期までは正月に子どもが小弓で的を射る遊戯だったが、やがて弓を引く遊びそのものは衰退し、年始に魔除《まよ》けのために贈られる祝儀《しゅうぎ》として形を残したという（『古事類苑《こじるいえん》』）。

天保元（一八三〇）年刊行の『嬉遊笑覧《きゆうしょうらん》』は、破魔弓について「はま弓は、はまと弓と二物なり。」「はまといふ物は、藁《わら》にて造る。それを小弓にて射る戯な

図1　近世初期の京都の破魔弓（『日本歳時記』）

貞享5（1688）年に京都で出版された『日本歳時記』には、年始に破魔弓で遊ぶ子どもの姿が描かれている。同書には、「治れる世にも武を忘れざることなるべし」とあり、当時の京都では子どもの弓術稽古に由来する破魔弓の遊びが残っていたことがわかる。

り。」と紹介している。近世の破魔弓とは、藁や竹で作った輪や円盤を的にして、それを小弓で射る遊びだった。

『嬉遊笑覧』はこう続ける。その当時、破魔弓は都市部ではすでに廃れていたものの、「今も田舎にはありといへり。」と記す。同書がいう「田舎」とは蝦夷《えぞ》のことだったが、蝦夷の子どもたちは木で輪っかを作り、これを転がして弓で射ることを、動く物体に矢を命中させる弓の練習として行って

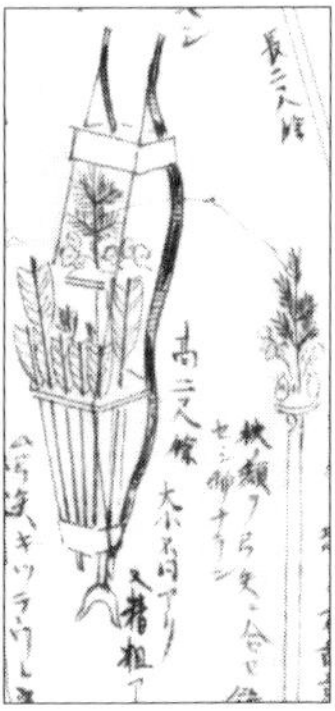

図2 近世後期の江戸の破魔弓（『守貞漫稿』）

近世後期の江戸では、破魔弓といえば正月の縁起物となっていた。『守貞漫稿』のイラストに添えられたコメントによれば、弓の高さは2尺（約60cm）余りだが、サイズは大小さまざまだったという。あくまで贈答用のしつらえで、実際に弓を引いて遊ぶためのものではなかった。

図3 破魔弓を売る少年（『破魔弓』）

鈴木春信の作品である。破魔弓を片手に持ち、羽子板や裏白の葉など正月の祝儀物を背負った少年が、黒い頭巾をかぶった女性を呼び止めている。正月の贈答物だった破魔弓を販売する歳末の風景だろうか。

いたらしい。

実際、破魔弓は子どもの弓術鍛錬に由来していた。それが子どもの正月遊びとなったが、前述したように近世後期には子どもの間で破魔弓は流行《はや》らなくなる。山東京伝は、破魔弓の衰退の理由を世の中が平和になり弓の稽古の必要性が薄らいだからだと指摘した（『五《ご》節《せっ》供《く》稚童《おさな》講《こう》訳《しゃく》』）。とあるスポーツの消滅が、むしろ平和の到来を告げる現象だと主張する見解は面白い。

『守貞漫稿《もりさだまんこう》』によれば、近世後期の江戸では、破魔弓（あるいは「弓破魔」とも）は悪魔を祓《はら》い幸運を授ける贈り物になったという。「魔」を「破」ると書く「破魔弓」は、正月の特別な縁起物だと考えられるようになったのである。

ところで、本邦初の育児書とされる『小児必用養育草《しょうにひつようそだてぐさ》』は、元禄《げんろく》一六（一七〇三）年に京都の医師、香月牛山《かづきぎゅうざん》によって世に送り出されたものである。この本の中に、破魔弓に関係する健康論が説かれている。牛山によると、毎年正月に男児に破魔弓を与えて弓射《きゅうしゃ》を教える風習があるが、子どもが破魔弓を手に辺りを駆け巡ると、熱も体外に放射し、病気にもならず、歩行を健やかにさせる意義があるという。

破魔弓そのものというよりは、屋外を走り回ることの効能を説いたものだが、子どものアウトドアスポーツの重要性を支持する見解としては注目されてよい。

【吹矢《ふきや》】

筒に矢を込めて発射する吹矢は、江戸の庶民層に親しまれていたスポーツである。大人も子どもも、このスポーツに熱中していた。もともとは、竹筒の中に矢を入れて、本物の鳥を射落とす狩猟的要素が強いもので、近世になっても鴨《かも》を撃つ吹矢の名人がいたらしい（『嬉遊笑覧《きゆうしょうらん》』）。

近世の江戸で流行した吹矢は、吊《つ》るされた標的を目掛けて矢を射る競技である。この的当て形式のスポーツは、楊弓《ようきゅう》のように盛り場で行われることが多かった。盛り場では様々な形式で吹矢が楽しまれていたが、特に「機関的《からくりまと》」と呼ばれたか

図1　江戸の吹矢の様子（『吹矢』）
小屋掛けの室内で、女性連れで吹矢をする人びとが描かれている。向う側の檀上《だんじょう》にある景品を矢で撃ち落としているようにも見える。さしずめ、現代の「射的」のイメージだろうか。板敷きの間には、矢を拾う女中の姿がある。楊弓に例を取れば、この女性従業員は店の裏側では春を売っていた可能性もあるといわねばならない。

らくり仕掛けのスタイルが人びとの興味を引いたという。矢が的に命中すると、的が外れて紐《ひも》がゆるみ、妖怪、幽霊などの人形が現れる仕組みだった（『守貞漫稿《もりさだまんこう》』）。

戯作者《げさくしゃ》の山東京伝は、享和三（一八〇三）年に吹矢を人生に例えた『人間万事《にんげんばんじ》吹矢《ふきやの》的《まと》』という作品を刊行している。ある日、京伝は江戸の芝神明社に参詣した際、偶然立ち寄った近隣の遊技場で吹矢

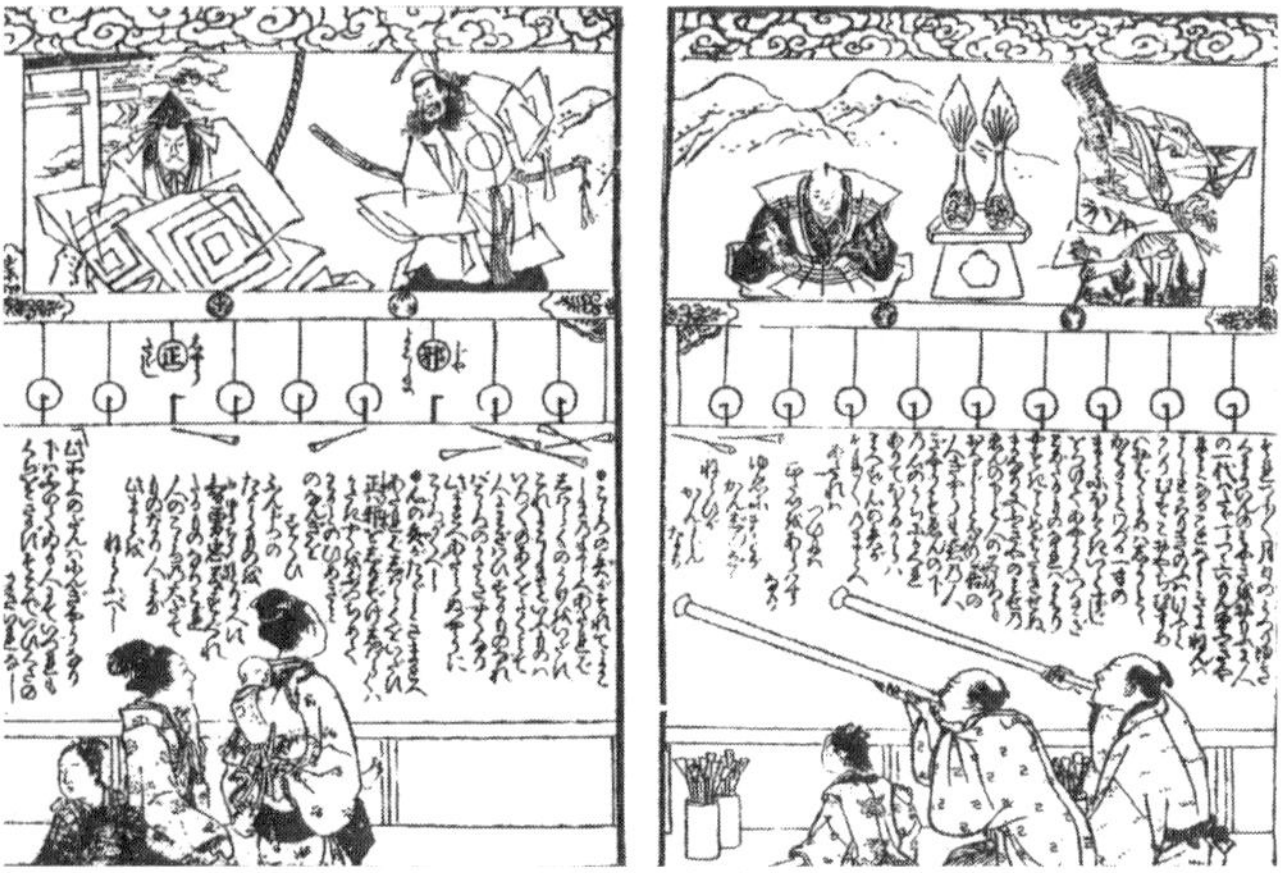

図2　機関的を行う江戸の人びと（『人間万事吹矢的《ふきやのまと》』）

山東京伝の『人間万事吹矢的』の挿絵で、北尾重政が描いたものである。江戸庶民と思しき2人の男性が、糸で垂れ下がった丸い的を目掛けて筒を吹いている。吹矢の中でも、命中すると人形が登場する「機関的」に熱中しているシーンだろうか。手元には円形の筒に入った矢が置いてある。左側には吹矢を見て通る子連れの女性たちの姿もある。

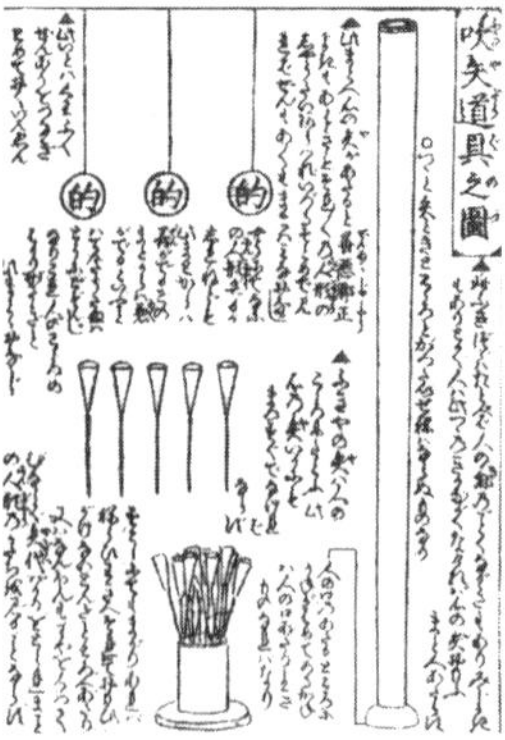

図3　吹矢に用いられた道具
（『人間万事吹矢的』）

同じく、北尾重政が描いた「吹矢道具之図」である。右側には筒が描かれている。長い筒の方が狙いを定めやすかったらしい。上部は糸に吊るされて真下に垂れた的である。中央には矢が見える。吹矢用の矢は小型で、矢羽は筒に吹き込んだ息を効果的に受けて発射できるように羽型ではなく円錐《えんすい》タイプになっていた。下部は矢の収納具である。

を見ていると、なかなか狙い通りに矢が命中しない様子が人生模様に似ていると感じ、この作品の構想を思い立ったという。江戸市中の寺社界隈《かいわい》の繁華街では、吹矢を営む店があったことがわかる。

京伝が見た吹矢は、先述した機関的《からくりまと》だった。糸で吊るされた的に矢が当たると音が鳴って、様々な人形が姿を現す仕掛けになっていたらしい。せっかく矢が的に当たっても、筒に吹き込む息の長さが足りなければ発射する矢の威力は弱く、的に刺さらずにはじき返されてしまう。京伝は人生と重ね合わせながら「吹矢は息の長さが肝心」

図4　自前で吹矢を楽しむ人びと（『江戸遊戯画帖《ゆうぎがちょう》　吹矢・睨みくら』）

吹矢で遊んでいる人びとの姿が描かれている。こたつを利用して的を上から吊るし、長い筒を構えて狙いを定めている。実に巧みな工夫である。このようにして、江戸の人びとが、盛り場の吹矢の真似事を自宅でも頻繁に楽しんでいたとしたら興味深い。

と、このスポーツの技術的なポイントを説いた。

京伝は用具についても触れている。吹矢の筒の長さは様々だが、長い筒の方が狙いを定めやすいというのが通常の感覚だったらしい。また、筒に込める小型の矢が真っ直《す》ぐでなければ狙い通りに飛ぶことはなく、料金ばかり無駄に取られて人形の姿を見ることもないのだと漏らした。

空気圧で矢を飛ばす吹矢は、弓矢とは違ったテクニックが要求される。吹矢の発射には、肺活量だけでなく胸部や腹部の筋力も必要で、的までの距離や筒の長さに応じて出力を調整しなければならない。その絶妙な難易度は、賭け事の対象としてもうってつけだった。江戸の人びとが熱狂したわけである。

第6章

ボールゲーム【ぼーるげーむ】

1　個人で行うボールゲーム

2　集団で行うボールゲーム

1　個人で行うボールゲーム

【手鞠《てまり》】

手鞠は、片手で手のひらサイズの鞠を巧みに操作して、地面に繰り返しバウンドさせるスポーツである。その形態から「鞠つき」とも呼ばれた。古くは、貞応《じょうおう》二（一二二三）年の正月に宮中で「手鞠会」が開かれた記録があるが、この時は数名の大人が円陣を作り順番に鞠をつき渡していくルールだったという（『吾《あ》

図１　手鞠をする女児（『骨董集』）

女児が手鞠をプレーする様子を描いた『骨董集』の挿絵である。手鞠唄を歌いながら鞠をつき続けることが目的で、バスケットボールのドリブルのように敵や味方を見るために前方に視野を取る必要はなかった。また、現代に普及しているようなゴムチューブ式の高性能なボールとは違って、バウンドした鞠が正確に跳ね返ってきたとは考え難いので、イレギュラーバウンドに備えて腰を屈め、適度に膝を曲げて、鞠を直視するフォームが必然化したと思われる。

図２　蹴鞠形式で行われた手鞠（『絵本江戸紫』）

明和2（1765）年刊行の『絵本江戸紫』の挿絵である。蹴鞠のように、木に囲まれたプレーグラウンドで数名の婦人が空中の鞠を見つめている。服装からしても、鞠を足で扱うことは難しく、手で打ち繋いでいくパスゲーム形式でプレーしていたのではないか。ただし、こうしたスタイルの手鞠が描かれることは稀《まれ》な事例で、この絵画も想像図という可能性がある。描かれたボールの種類も蹴鞠用なので、ここでいう手鞠とは別種のボールゲームとして考えることもできる。

妻鏡《づまかがみ》』)。そのため、手鞠を複数人でパスゲームを行う蹴鞠《けまり》の変容形態だと見なす説も存在する(『骨董集《こっとうしゅう》』)。

近世になると、手鞠は主に女児の正月遊びとして定着していくが、蹴鞠のようなチーム形式は影をひそめ、一人でプレーする手鞠が多勢を占めるようになる。もっぱら、立ち上がって鞠をついたり、両膝を地面について難易度を下げたり、あるいは縁側に座るなどして鞠をつき続けるスポーツになっていた。数名のグループで鞠を繋いでいくパターンで描かれた絵画も確認できないわけではないが(『絵本江戸紫』など)、やはり珍しい事例である。

ここで、手鞠の製法に触れておきたい。蚕糸を何重にも巻いて球体を作り出し、色のついた糸の編み込み具合

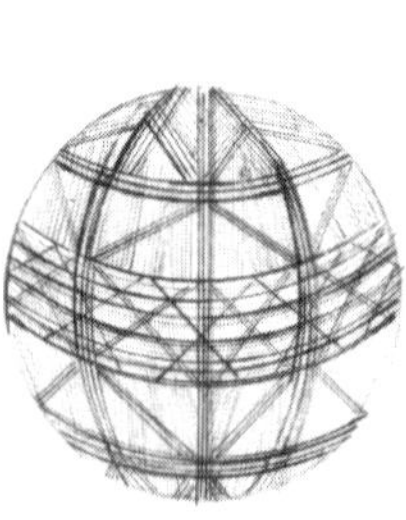

図3　近世後期の手鞠に用いられた鞠(『守貞漫稿』)

幕末の江戸で用いられていた手鞠が描かれている。鞠の中心に芯を入れ、糸を巻き重ねて球体を作り出す製法は現代の硬式野球ボールにも似ている。色糸の編み込み加減によって、様々な模様を表現した。鞠のサイズは大きくて直径5～6寸(約15～18cm)だったが、近世前期にはもっと小さいものが使われていたらしい。

によって様々な模様を表現した。鞠の中心には貝殻や鈴などを入れて、バウンドした時に音が出るような工夫も施されている。地面にバウンドさせ続けるためには弾力性が必要だが、鞠の芯におがくずなどの弾力のある物体を入れることでこれを解消した。鞠のサイズは、大きいもので直径五～六寸（約一五～一八㎝）だったらしい（『守貞漫稿《もりさだまんこう》』）。ハンドボールより一回り小さいサイズのボールだと思えばよい。

手鞠には、リズムに合わせて鞠をつくための手鞠唄があった。江戸の手鞠唄は、一二ヶ月分の唄が続くバージョン、一〇〇章まで続くバージョンなど、バリエーションが豊富だった。『守貞漫稿』に記された手鞠唄を紹介しておきたい。

「♪一つとや、一夜《ひぃとよ》あくれば賑《にぎ》やかに、賑やかに、飾《かぁざ》り立てたる松飾り、松飾り」

「♪二つとや、二葉の松は色ようて、色ようて、三蓋松《さんがいまぁつ》は上総山《かずさやま》、上総山」

「♪三つとや、みなさん子供衆は楽遊び、楽遊び、穴市こまどり羽をつく、羽をつく」

（この後、さらに唄が続いていく）

こうしたリズムのある唄をどこまで歌いきれるか（鞠をつき続けられるか）を巡って、数名で競い合うこともあった。手鞠は、時として競技性のあるボールゲームにもなっていたのである。

【お手玉《てだま》】

今日のお手玉は、小豆《あずき》や米などが入った小さな布袋を、手を巧みに使って一定のルールとタイミングで放り上げてはキャッチして遊ぶものが一般的である。同時に複数の玉を使って難易度を上げたりもする。ところが、近世のお手玉はその呼び名、プレースタイルともに少し様子が異なっていた。

近世には、「石投」「石子」「石投子」などという字を当てて「いしなご」と読ませるスポーツが存在した。小石を地面にばら撒《ま》き、その一つを空中に投げ上げ、それが落ちてこない間に下の石をつかみ、これを繰り返して早く石を取り尽くす

図1　石投子をする女児たち（『江戸遊戯《ゆうぎ》画帖《がちょう》　煙管・石投子・子供』）

近世後期の江戸で、石投子《いしなご》をする女児たちの姿が描かれている。ここでは、用具として使われているのは小石だろうか。右の女児は小石を投げ上げ、左の女児は手の甲で複数の小石を受けているようにも見える。

ことを目指す。これがお手玉の前身である。

　小石の代わりにムクロジの木の実や貝を使うこともあったが、やがて江戸では、布製の袋の中に数粒の小石や小豆を入れて縫い合わせた用具

図2　女児による手玉の様子
（『風流おさな遊び』）

　広重の『風流おさな遊び』に描かれた「手玉」の様子である。女児が１人で玉を投げ上げている。画中からは少々判別し難いが、使っているのは小石だろうか。

が普及する。この玉を使って先ほどのルールで行うスポーツを江戸では「御手玉」「てだまとり」などと呼ぶようになった（『守貞漫稿《もりさだまんこう》』）。安永四（一七七五）年刊行の方言辞典『物類称呼』にも、「石投《いしなご》　江戸にて手玉といふ」と記されている。

やがて、お手玉は前述した布袋をたくさん掌《てのひら》に握り、これを軽く上に放り投げ、手を返して甲で受け、再び投げて今後は掌に握り、落とさずにいくつ残るかで勝敗を競うスタイルでも行われるようになった（『守貞漫稿』）。こうなると、だいぶ今日のお手玉に近づいてくる。玉を投げ上げる高さや落とさず上手に受けるテクニックが要求されるスポーツで、ジャグリングの要素も含まれていた。

今日、日本語で「手玉に取る」と言うと、他者を自分の思い通りに動かしたり、翻弄することを意味するが、これはお手玉を意のままに巧みにコントロールする様子に由来している。日本では昔から、お手玉が難易度の高いスポーツだと考えられてきたことを示すエピソードではないか。

【けん玉《だま》】

今日のけん玉は、十字の剣と穴の開いた玉で出来た玩具で、紐《ひも》で剣と結びつけられた玉を空中に放って剣に刺したり、横と底部に設けられた皿にボールを乗せてプレーする。ところが、近世のけん玉は少しだけ様子が違っていた。

文化六（一八〇九）年刊行の『拳会角力図会《けんさらえすまいずえ》』には、「匕玉拳」（すくい玉拳）という名称でけん玉に似たスポーツが紹介されている。同書いわく、このスポーツに使う用具は、唐桑、花梨、紫檀《したん》などの堅い木で製造したコップ（原文では「コツフ」）に長い紐を付けて、紐の先端に同じ木材から削り出して作った玉を結んだものである。

本体の先端に剣はなく、横に十字状に取り付けられた受皿も存在しなかった。コップに空中の玉を落とさず乗せるシンプルなゲームだったことになる。「すくい玉」とは、このスポーツの形態を表現する絶妙なネーミングだったのである。

『拳会角力図会』はルールについても触れている。当事者間でコップに玉が乗るまでのチャレンジの回数を五回まで、三回までなどと事前に決めておき、勝ち負けを争うルールだった。酒宴でのお座敷遊びとして楽しまれ、二人が交互にチャレンジして、失敗した方は酒を飲まされたらしい。また、玉をすくえるか否かで吉凶を占うケースもあったようである。

文政一三（一八三〇）年発刊の『嬉遊笑覧《きゆうしょうらん》』には「安永六、七年の頃、拳玉といふもの出来ぬ。猪口《ちょこ》の形して柄のの《（ママ）》あるもの也《なり》。それに糸を付て玉を結たり。鹿角にて造る。その玉を投て猪口の如き物の内にうけ入る也。うけ得ざる者に酒を飲しむ。」という記述がある。

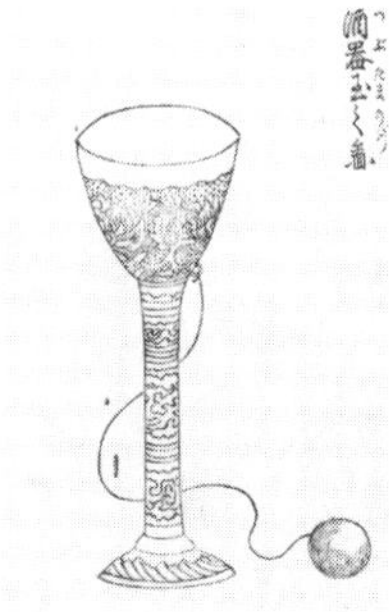

図1　近世後期のけん玉（『拳会角力図会』）

文化6（1809）年刊行の『拳会角力図会』で紹介されたけん玉のイラストである。同書では、「匕《すくひ》玉拳」と称されている。唐桑、花梨、紫檀などの木材から削り出した贅沢《ぜいたく》なしつらえになっていた。今日のけん玉のように十字状に取り付けられた横の受け皿はなかったが、形状から見て、ひっくり返して底部の上に玉を乗せる芸当はあったかもしれない。

同書は「拳玉」という名でこのスポーツを紹介し、その登場を安永六（一七七七）〜七（一七七八）年頃に見ている。用具は猪口の形で柄のついた本体に糸で玉を結んだもので、鹿の角で製造していたことがわかる。プレーの形態は『拳会角力図会』と同じ内容を示し、いかに受け皿に玉を乗せるか、その技を競うものだった。「うけ得ざる者に酒を飲しむ」とあるので、やはりお座敷遊びとして流行したものと考えてよい。

このスポーツの流行の度合いは定かではないが、チャレンジに失敗するたびに酒を飲むので、酩酊《めいてい》状態でけん玉をする姿は、さぞかし滑稽だったことだろう。

酒とけん玉。現代人から見ればやや不思議な取り合わせである。

【羽《は》根《ね》つき】

羽根つきは主に女児の間で行われた、凧《たこ》揚げや独楽《こま》回しと並ぶ代表的な正月遊びだった。今日のバドミントンのように、二人で向かい合って羽根を羽子板《はごいた》で打ち上げ合う形態が思い浮かぶが、実はそのプレースタイルは多様である。三人以上が集まれば、参加者で円になって一つの羽根を地面に落とさず順に打ち繋いでいき、受け損じた者を負けとする「追い羽根」が行われた。また、一人で連続的に羽根を高く突き上げて、その回数を競う「ひとり突き」「あげ羽子」もあり、そのための数え唄もあった。

図3　羽根のイラスト
（『守貞漫稿』）

『守貞漫稿《もりさだまんこう》』に描かれた羽根のイラストである。右は京都や大坂で使われた羽根で、6cmほどの細い竹串の先端に鳥の羽を糸で巻き付けて作った。逆の先端にはムクロジの実を刺して固定した。左が江戸の羽根である。江戸では竹串は使わずにムクロジの実に直接羽根を差し込んだ。

図1　羽根つきを楽しむ子ども（『世諺問答』）

中世末期の歳時風俗を記す『世諺問答《せいげんもんどう》』に描かれた絵である。2人で向かい合って羽根つきを楽しんでいる。その昔、羽根つきは厄除けの呪い効果があると説かれていたが、近世には子どもの健康増進に役立つ養《よう》生《じょう》法の一つだと考えられるようになった。

図2　正月に羽根つきをする江戸の女性と子ども
（『江戸府内絵本風俗往来』）

近世後期の江戸市中で正月遊びとして羽根つきが行われているシーンである。女性に混じって男児の姿も描かれている。正月の羽根つきは専ら女性スポーツだったが、この魅力あるラケットスポーツに男性陣が加わっていたとしても不思議ではない。

羽根つきの原型は、中世より続く「胡鬼《こき》の子遊び」と呼ばれた一種の厄除けの行事だった。古くは、一五世紀前半に宮廷貴族によって楽しまれた記録があるが（『看聞日記《かんもんにっき》』）、このボールゲームは民間のジュニア層に浸透していった。子どもが蚊に食われない（病気にならない）ためのお呪いである。

近世になると呪い説は次第に否定され、健康の保持増進の意義が強調されるようになった。屋外で風に吹かれながら、上空を見上げて羽根をつく姿勢は子どもの健康に良いとされ（『小児必用養育草《しょうにひつようそだてぐさ》』）、そのような養生《ようじょう》思想とも結びついて女児の正月遊びとして大いに推奨された側面も見逃せない。男児の凧揚げも、同様の理由から勧められた正月遊びである。この健康論は中国の書物から来たものだが、中国では正月遊びとして手を使わない「羽根けり」が盛んに行われていたらしい。

江戸の女性たちは、迎春のために新調した着物や履物に身をまとい、流行の化粧をして羽根つきを楽しんだが、そのぶん服装によって運動に大きな制限がかかっていたに違いない。羽根を受け損じて地面に落としたら、顔に墨や白粉を塗られたり羽子板で尻を叩《たた》かれることもあった（『江戸府内絵本風俗往来』）。江戸の正月は「羽根つき女子」たちの笑い声が響き渡っていたという。動きにくい服装がミスプレーを誘発し、さらに罰ゲームの存在がエッセンスとなって羽根つきは誰でも楽しめる面白みのあるスポーツとなっていたのだろう。

女児の正月遊びだけあって、美しい羽子板を正月に贈答するような風習も生まれた。次第にエスカレートして、金箔《きんぱく》を押して蒔絵《まきえ》を施した贅沢《ぜいたく》な羽子板も登場する。華美な羽子板に対して、幕府から禁令が下ったこともある。

羽子板はもともと京都で製造されることが多く、「京羽子板」の名で江戸でも販売されていた。やがて、文化・文政期（一八〇四〜三〇）になると江

図4　羽子板のイラスト（『骨董集』）

『骨董集《こっとうしゅう》』のイラストには羽子板のサイズは、上底が約10cm、打球面の縦は約17cm、グリップ部分は約8cm、厚さは約5mmと書かれている。概ね、羽子板のサイズ感を知ることができよう。

戸で「押絵羽子板」が生み出され、庶民の間で流行する。桐《きり》板で製造された羽子板は、鳥の羽とムクロジの実で作った羽根と共鳴して、江戸の正月に心地よい音色を届けていた。

2 集団で行うボールゲーム

【蹴鞠《けまり》】

古代より宮中の雅《みやび》な嗜《たしな》みとして継承されてきた蹴鞠は、中世には武士にも愛好され、近世になると庶民も楽しめるボールゲームとして広まった。一般庶民の蹴鞠は「地下鞠《じげまり》」と呼ばれた。

近世中期以降、蹴鞠界には飛鳥井《あすかい》家と難波《なんば》家という二大家元が君臨し、その下

図１　上方の蹴鞠
（『人倫訓蒙図彙《じんりんきんもうずい》』）

近世初期の上方の蹴鞠を描いたものである。装束《しょうぞく》を身にまとって鞠を蹴り合っている。奥に植樹されているのが懸《かかり》の木である。

図２　飛鳥井家で行われた蹴鞠（『都林泉名勝図会』）

18世紀末の京都において家元の飛鳥井家で催された蹴鞠である。飛鳥井家では、毎年七夕に蹴鞠の会を行うことが恒例だった。4本の懸の木が植えられた鞠庭で8人の鞠足がプレーしている。鞠庭を囲う「鞠垣」の外には、大勢の観客の姿が見える。

図３　江戸庶民の蹴鞠（『北斎漫画』）

北斎が描いた江戸の蹴鞠の様子である。着衣から一般庶民だと思われるが、鞠沓ではなく草履《ぞうり》で鞠を蹴り上げているところは興味深い。江戸庶民の地下鞠では装束などはそれほど問題にされず、純粋に鞠を蹴り上げることを楽しむような手軽さもあった可能性が透けて見えてくる。

に「鞠目代《まりもくだい》」という師範代が置かれている。鞠目代は蹴鞠技術に秀でた存在で、地域や身分に応じて全国に一定数が配され、各地の愛好者に蹴鞠の何たるかを指導した。今風の表現を使えば、頂点の家元からライセンスを付与された、蹴鞠界の公認コーチ兼トッププレーヤーだと思えばよい。鞠目代の中には江戸の庶民も含まれ、江戸市中で地下鞠が普及していた様子がわかる。度々開催された江戸城内の蹴鞠の将軍上覧でも、庶民の鞠目代がプレーヤーとして参加している。

一般的な蹴鞠は、数名のプレーヤー（「鞠足」という）が鞠を地面に落とすことなく蹴り上げて、連続的に受け渡していくパスゲームである。競技場は「鞠庭」と呼ばれ、その四隅には四季を表す樹木（松・桜・柳・

図４　蹴鞠の用具を作る職人（『和国諸職絵つくし』）

江戸には蹴鞠用具を製造する専門の職人がいた。中世より存在した業種だったが、鞠を作る職人は「鞠括《まりくく》り」、鞠沓を作る職人は「沓造《くつつく》り」と呼ばれた。

楓《かえで》）を植える定めがあった。この「懸《かかり》の木」は花鳥風月を愛でる平安貴族の雅な心を反映しているが、一面ではプレーグラウンドの境界線の役割を果たしていた。また、鞠が枝葉に触れると不規則な変化球が発生してボールコントロールが難しくなるなど、懸の木は競技をより面白くするエッセンスにもなったのである。故意に設けられた障害物だったと言ってもよい。

　蹴鞠は八人で行うパターンが多く、決められた順番で鞠をノーバウンドで蹴り上げ続け、その回数を伸ばすことを目的とする。チーム対抗で回数を競う「勝負鞠」もあった。鞠を繋ぐ回数を増やすために、鞠足たちは個人技はもちろんチームプレーも重視していた。上がった鞠の高さや強さを知らせるコールサインがあったほか、鞠が飛んだ位置に応じて各自のポジション移動を示すフォーメーションの約束事まであったというから驚きである。彼らの「記録」への衝動は、来るべき近代スポーツの思考を先取りしていた。

一人が連続して鞠を蹴るのは、相手から鞠を受ける時、自分で蹴り上げる時、そして他者へパスする時の三回ずつで、右足だけでコントロールする決まりだった。足の運び方や姿勢の優雅さ、鞠を蹴

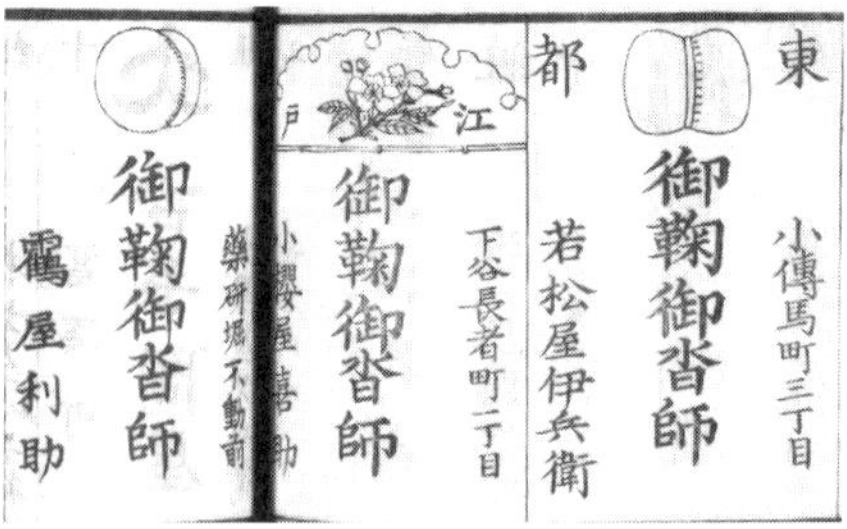

図5　ガイドブックに掲載された蹴鞠用具販売店の広告（『江戸買物独案内』）

文政7（1824）年刊行の『江戸買物独案内』は江戸市中の商店や飲食店を紹介したガイドブックだが、そこには「御鞠御沓師」として蹴鞠の鞠と沓《くつ》の販売店が紹介されている。江戸の街中で購入できる商品として蹴鞠用具が流通していたことがわかる。

り上げる高さなど、宮廷出身のスポーツだけあってかなり細かいルールが定められている。江戸の人びとは、蹴鞠というボールゲームを通して貴族文化としての雅な嗜みを図らずも共有していたのである。

蹴鞠に使う鞠は、丸く加工した鹿の革二枚を綴《と》じ合わせて作られていたため、完全な球体ではなく中心がくびれたような形状になった。鞠の内部は中空で一五〇g前後と非常に軽く、直径二〇㎝程度が標準サイズだったという。強度、弾力ともに今のサッカーボールやラグビーボールには遠く及ばず、鞠の構造からしても力強いキックはできなかった。だから、足でボールを扱うというポイントを除けば、蹴鞠とサッカーの共通項は意外なほど少ない。

鞠を破損させずに確実に足先で捉える専用シューズが「鞠沓《まりぐつ》」である。つま先の部分が鴨《かも》のくちばしのように広がっていることから「鴨沓《かもくつ》」とも呼ばれた。

蹴鞠のプレーヤーのパフォーマンスは、用具の性能に大きく左右されていたといえよう。

【打毬《だきゅう》】

打毬は紅白の二組に分かれた数騎ずつの騎馬で行われる団体戦のボールゲームである。馬上で先端に網の付いたスティック（毬杖《ぎっちょう》）を操作し、地面に置かれた自チームのボール（毬《まり》）をすくい取り、落とさずに運んでゴール（毬門《きゅうもん》）へと投げ入れ、その数で勝敗を競った。西洋のポロに似た勇壮なスポーツで、毬杖の形はラクロスのスティックによく似ている。

プレーグラウンドの馬場は長方形に区画され、短辺の片側に毬門が、もう片側には紅白の毬が置かれていた。毬には平毬《ひらだま》と揚毬《あげだま》の二種類があり、自チームの平

図１　武士の打毬（『幕府時代打毬之図』）

明治21（1888）年の作品で、近世後期の武士の打毬の様子を回想して描かれている。画中右側の観覧席では、奉行らが勝負の行方を見守っている。毬をすくってゴールを狙う者と、それを激しくディフェンスする者が描かれていて、エキサイティングなゲーム展開が伝わってくる。

毬を決まった数だけ毬門に投げ入れると、勝負を決する揚毬が場内に設置され、これを毬門に入れたチームが勝者となる。それぞれのチームの平毬が一つ以上投入された後は、人馬がぶつかり合う激しい攻防が繰り広げられた。審判役も配置されるなど、なかなか本格的なチームスポーツである。今日のゴール型球技（三人制のバスケットボールなどは除く）と大きく異なるのは、両チームが同じゴールをシェアすることだろう。

打毬は中央アジアの遊牧民の世界で

図２　江戸庶民の打毬（『町人打毬之図』）
『町人打毬之図』という画題から、町人が打毬を楽しんでいる様子が描かれているものと見て良い。武芸奨励の意味合いのある打毬は、基本的には武士のスポーツだったが、一般庶民もこの武家文化を享受していたとすれば、とても興味深い。あるいは、武士のように打毬に興じたいと希求する庶民の願いを反映したイメージ図だったか。

誕生した騎馬競技で、唐の時代に中国大陸から日本に伝わったといわれている。起源は古代ペルシャだったらしい。文献上の初出は『万葉集』で、平安時代の初期から中期にかけて、宮廷貴族による端午の行事の余興として行われていた。

その後、近世までは衰退していたが、武芸を奨励する八代将軍吉宗の時代に打毬が復活する。古代貴族の王朝風の打毬は中国の影響を受けたものだったが、近世に復活した打毬はボールの操作技術や競技法など、日本風にアレン

図３　打毬の毬門
（『千代田之御表　打毬上覧』）

打毬をしている武士たちである。中央に板状の毬門が描かれている。毬杖で紅白の毬をすくい取り、毬門まで近づいて高さ2mほど、直径60cm大の丸い穴を目掛けて投球した。騎乗しながら両軍入り乱れた状態で毬杖を操作するため、かなりの高度な手綱さばきが要求された。

ジされていた。このニュースポーツが全国各地に伝播《でんぱ》すると、諸藩の武士たちは盛んに打毬に励むようになった。歴代の将軍も打毬を好んだが、特に一一代将軍家斉《いえなり》は、打毬の名手だったと伝えられている。

徳川家の打毬では毬杖の長さは二尺五寸（約七五㎝）程度、毬はゴルフボールほどだったが、八戸の南部藩に伝わった打毬は槍《やり》の技術向上の手段として奨励されたこともあって、毬杖は七尺五寸（約二・二五m）でソフトボール大の毬を用いていたという。

馬を寄せて敵をディフェンスする局面もあり、打毬には巧みな手綱さばきが要求された。

片手でスティックを操作することは、片手で武具を扱いながら片手手綱で馬を操る訓練にもなっていた。戦乱から遠ざかった時代にあって、打毬はスポーツをしながらにして馬術の鍛錬ができる恰好《かっこう》の教材だったといえよう。だから、打毬は基本的には武士のスポーツとして理解すべきである。

武士の子弟たちも、訓練を兼ねて打毬の簡易形態を楽しんでいた形跡がある。幕末の水戸藩下級武士の生活を聞き書きした『武家の女性』には、水戸の私塾で行われていた打毬が登場する。少年たちは源氏と平家の二チームに分かれ、騎乗せずに徒歩でプレーした。グラウンドの片端

図4　紀州徳川家の打毬（『赤坂《あかさか》御庭《おにわ》図《ず》画帖《がじょう》』）
紀州徳川家の中屋敷だった赤坂の庭園で打毬が行われているシーンである。画中右側にはゴールが描かれているが、頭上に毬を投げ入れる籠が取り付けられている。通常の打毬では丸く穴の開いた毬門が用いられていたが、紀州藩では籠タイプのゴールでプレーしていた可能性もある。

には毬門ではなく、高い杭《くい》に「網の籠」で作ったゴールが吊《つ》り下げられていたという。源平二チームのプレーヤーは、号令を合図に一人ずつ籠を目掛けて駆け出し、毬杖で地上の球をすくって籠に投げ入れる。より多くゴールを決めたチームが勝ちだった。まるで、スティックを使った玉入れ、あるいはバスケットボールのようではないか。本家の打毬とはルールが異なるが、水戸藩では子ども用の打毬が行われる日には見物客も集まり賑《にぎ》やかな風景が見られたという。

こうして、武士を担い手として近世中期以降に奨励された徳川家の打毬は、明治維新後は宮内庁に引き継がれていった。

【毬杖《ぎっちょう》】

毬杖は、木槌《きづち》を使って相手から投げ込まれた球を打ち返すボールゲームである。馬上でスティックを手にして毬《まり》をゴールに投げ入れた数を競う打毬《だきゅう》は武士のスポーツだったが、庶民はもっぱら毬杖の方を楽しんでいた。庶民の毬杖は、古代から中世にかけて正月にプレーされてきた形跡があるが、近世に行われた毬杖も同様に、基本的には子どもの正月遊びとして受け継がれている。

毬杖は打毬から派生したという説もある（『守貞漫稿《もりさだまんこう》』）。しかし、打毬のボールが弾力性のある球体だったのに対して、毬杖のボールは木を削って作られてい

図１　毬杖の道具（『骨董集』）

山東京伝の『骨董集』に描かれた毬杖の道具である。このような木槌とボールが用いられたが、同書が成立した文化 10（1813）年の時点では、すでに見ることのない歴史上の代物になっていた。

図２　中世に行われていた毬杖
（『世諺問答』）

『世諺問答《せいげんもんどう》』に描かれた毬杖である。中世末期の毬杖の模様が伝えられている。ぶりぶりや竹ぼうきを手に競技に参加している者もいる。

た。丸太を輪切りにした円盤状のボールを使うこともあったらしい。

『骨董集《こっとうしゅう》』には毬杖のルールが説明されている。二チームに分かれて、一〇間（約一八ｍ）から一二〜一三間（約二一・六ｍ〜二三・四ｍ）ほど離れて両チームが相対する。その中央にセンターラインを引き、片方のチームが投げたボールを、もう片方のチームが毬杖と呼ばれた木槌を使ってディフェンスした。もし、ディフェンス側が止められずにボールがセンターラインを越えたら、投げた側の勝ちである。反対に、センターラインより前でボールを食い止めれば、ディフェンス側の勝ちとなったという。このように、毬杖とは両チームが交互にセンターラインの前に出て、相手の投げるボールを木槌でディフェンスし、はね返すボールゲームだったといえよう。近代ホッケーに似ているように見えて、その形態はバレーボール、テニス、卓球、バドミントンなどネット型の球技に近い特徴を持つ。

図3　平安末期の毬杖（『年中行事絵巻』）

『年中行事絵巻』は、平安末期に製作された公家の年中行事や民間の歳時風俗を記録した絵巻である。この絵は、庶民が毬杖を楽しんでいる場面で、向かい合う2チームが、木槌を手にボールを打ち合う様子が描かれている。子どもの姿もある。

図4　ぶりぶりを楽しむ子どもたち（『絵本大和童』）
八角形にかたどった木製のバット（ぶりぶり）で、平たい木の球を打ち合っている。躍動感のあるボールゲームだった様子が伝わってくる。竹ぼうきや箕《みの》もバット代わりに使われていたようである。『絵本大和童《わらべ》』は享保9（1724）年の作品だが、この時期には毬杖にとって代わってぶりぶりが盛んになっていた。

ところで、毬杖は近世を通して盛んに行われたスポーツではなかった。一八世紀初頭の書物にも、木槌を用いた毬杖はほとんど見られなくなったと記されている（『和漢三才図会』）。この時代には、すでに毬杖は児戯としても衰退していたのである。

近世中期以降、江戸の子どもたちの間で、毬杖に変わって「ぶりぶり」が行われるようになった。同じくボールを打ち合うスポーツだったが、打具に違いが見られる。木槌ではなく、八角形にかたどった木に紐《ひも》をつけ地面を引きずるようにして操作した。スティックというより、バットに近い形だろうか。ただし、ぶりぶりは男児に農作業を覚えさせるための正月遊びだという説もあるので（『骨董集』）、必ずしも毬杖と同類のスポーツとして扱うことは難しい。

ぶりぶりは近世になってから生まれたスポーツではなかった。中世末期の絵画には正月にぶりぶりをして遊ぶ子どもの姿がたびたび描かれている。毬杖もぶりぶりも、日本のスポーツ史上においては息の長いボールゲームだったのである。

ともあれ、ぶりぶりも近世後期には衰退していった。武士の騎馬打毬のように将軍の号令があればともかく、毬杖にしろ、ぶりぶりにしろ、庶民の間で広いプレーグラウンドを使ったスポーツ競技が長い期間をかけて定着していくのは、そう簡単なことではなかったのだろう。

第Ⅲ部

力と技と頭を使う

「力くらべ」の筆頭は相撲である。都市型の興行スタイルで成功した勧進相撲は、日本のプロスポーツの先駆けだった。アマチュア力士が路上で対決する辻《つじ》相撲も盛り上がりをみせる。たった一人で架空の相撲の対戦を演じる一人相撲では、まるで本当の取り組みを見ているかのような「熱戦」が繰り広げられた。ほかにも、持ち上げた石の重量を競う力石《ちからいし》、一本の綱を引っ張り合うお馴染《なじ》みの綱引き、さらには腕押し（腕相撲）や首引などど、庶民的な力くらべも実に多く存在する。

「技くらべ」の世界もバラエティ豊かだった。平和な時代になり、武士の兵法は殺しの手段から安全に技量を競うスポーツ化への道を歩み、多くは庶民にも手の届く習い事になる。人間離れした技を演じる大道芸も、それを見る江戸の大衆を虜にした。類《たぐい》まれなリフティング技術を披露する曲《きょく》鞠《まり》、鍛え上げたアクロバットで客を魅了する軽業《かるわざ》、騎乗しながらパフォーマンスを演じる曲馬《きょくば》など、いずれもハイレベルな身体運動が売り物だった。ほかにも、江戸人が愛した魚釣りはテクニックが釣果を左右する世界だったし、子どもの人気スポーツの竹馬も操作技法とバランス感覚が要求された。

「知恵くらべ」と聞くと、身体運動とやや距離感があるものの、今日では記憶力や判断力など脳をフル稼働して競うマインドスポーツの分野が確立されつつある。江戸のマインドスポーツには、ボードゲームとして古来より伝わる囲碁・将棋があった。いずれも一般庶民に愛好されたが、名高い棋士が将軍の庇護《ひご》を受けるなど、幕府お墨付きの由緒あるスポーツでもあった。また、カードゲームとして流行したかるたは、和歌を覚える記憶力だけではなく、いち早く札を取る俊敏性も要求されるスポーツである。

第7章

力くらべ【ちから-くらべ】

1 相撲
2 力自慢

1 相撲

【勧進相撲《かんじんすもう》】

勧進相撲は中世にも存在したが、興行として今日の大相撲に繋がるような盛況ぶりをみせたのは近世になってからである。近世の勧進相撲は三都（江戸・京都・大坂）で開催されていたが、一〇〇万の人口を抱える江戸の興行が最大規模だった。

相撲の競技空間である土俵の起源は織田信長の時代にまで遡る。といっても、今

図１　近世後期の回向院の相撲小屋（『江戸両国回向院大相撲之図』）

江戸の相撲小屋は、土俵上と周囲に巡らされた２階層の桟敷には屋根があったが、フロア席の土間は全くのアウトドアだったため、興行は晴天時に限って開催された。大観衆を収容可能な当時としては立派なスポーツ施設である。

日のように俵を埋めた円形の土俵はまだなく、二名の力士を囲んで人垣を作り、その内側で相手を押し倒した方に勝ち名乗りが上がった。やがて土俵が考案されると、土俵際の攻防を含めた技を競い合う側面も兼ね備えられていく。これによって、素人《しろうと》と玄人《くろうと》の実力差が明確になり、プロスポーツとしての勧進相撲の魅力が格段に増していったのである。

　寛政三（一七九一）年に江戸城内で将軍家斉《いえなり》の前で行われた上覧

図2　勝敗決定後の桟敷の熱狂ぶり（『両国大相撲繁栄之図』）

桟敷では、贔屓《ひいき》の力士が勝つと、観客が土俵に羽織などを投げ入れて祝儀を出した。この「投げ纏頭《はな》」は、経済力のある桟敷の観客ならではの楽しみ方だった。図2では、桟敷の観客が脱いだ着物を土俵に向かって投げ入れ、褌《ふんどし》一丁で騒ぎ立てている。中央には力士が描かれていて、観客が贔屓の力士を桟敷に上げて酒食を振る舞っていた様子がわかる。

図3　土俵周囲の土間席（『東都歳時記』）

土間は桟敷のように定員はなく、土俵から周囲の桟敷までの間に可能な限り観客を詰め込んでいた。その分、桟敷よりも木戸銭が安い土間は一般庶民をターゲットとした観戦エリアだった。

図４　回向院の札場

（『江戸両国回向院大相撲之図』）

観客は木戸銭（入場料）と引き換えに札場で木戸札（入場券）を購入し、それを木戸（出入り口）で手渡して相撲小屋に入場した。この絵は、観戦希望の客が列をなして札場で木戸札を購入しているシーンである。今でいうチケット売場に相当する。

図５　回向院の木戸の内側

（『勧進大相撲繁栄之図』）

相撲小屋の出入り口が木戸である。図５は木戸の内側の模様であるが、ここを通過するためには、木戸札を手渡して酒樽《さかだる》に腰掛けた２人の係員の間を通る必要があった。通行口も狭くなっていて、無銭入場などはそう易々《やすやす》とできるものではなかった。

相撲をきっかけに、江戸の勧進相撲はルールや格式を備えた芸能としての地位を確立する。谷風、小野川、雷電などの人気力士も登場し、相撲興行は江戸庶民の心を捕らえて離さない一大スポーツイベントとして定着していった。

　興行を運営したのは、宝暦年間（一七五一〜六四）に形成された「相撲《すもう》

図6　相撲小屋の桟敷席
（『勧進大相撲土俵入之図』）

観客は酒食を楽しみながら相撲観戦に熱狂した。それは、相撲の勝敗が時として賭博の対象となっていたこととも関係がある。幕末に来日したアンベールも「日本人には競馬の制度がないが、その代り、力士の部族がつくった集団と集団の間で行なわれる競技の勝負に賭けることを考え出した。」（『幕末日本図絵』）との見聞録を書き残した。

会所《かいしょ》」（現在の日本相撲協会）という組織である。江戸の興行では、年間二回（各一〇日間）の開催の度に寺社の境内《けいだい》に相撲小屋が仮設された。嘉永《かえい》三（一八五〇）年の両国回向院《えこういん》の興行では、境内の空き地に間口一八間（約三二・四m）、奥行二〇間（約三六m）、面積にして約一一六六・四㎡の相撲小屋が建てられている（『勧進相撲興行一件』）。相撲小屋の内部は、周囲に二階層の桟敷《さじき》席が作られ、一階のフロアには土間席が設けられた。

　江戸の古本商の須藤由蔵によると、安政三（一八五六）年秋場所の回向院の相撲小屋は、約一万人を収容するしつらえだったという

（『藤岡屋日記』）。実際に一万人が入ったかどうか定かではないが、これに近い数の観客が押し寄せたのだろう。木の板で仕切られた桟敷の定員は合計一二〇〇人程度だったので、土間には残りの数千人がすし詰め状態で観戦していたことになる。勧進相撲に訪れた観客は、飲食を楽しみながら、時に賭博をともなって勝負の行方に一喜一憂した。

諸藩の大名が力士を召し抱え、雄藩の対抗意識のもとに勧進相撲が大きく発展していった点も見逃せない。お抱え力士の一番は、いつしか藩の力を世間に誇示するチャ

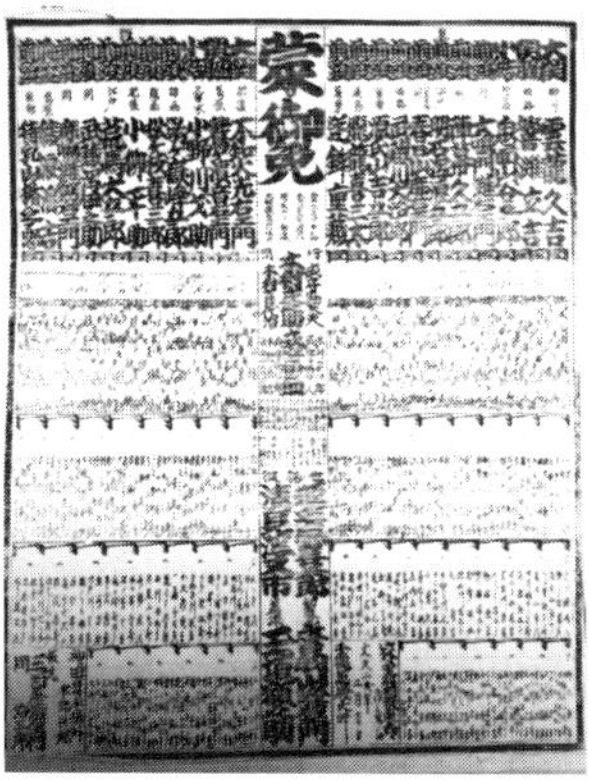

図7　文久2（1862）年2月の三河屋治右衛門発行の相撲番付
（『番付』）

近世には印刷技術の発達に伴い出版業が盛んになるが、これと関係したスポーツビジネスが相撲番付の発行および販売業である。相撲番付の発行を独占的に請け負っていたのが、三河屋治右衛門という版元だった。番付の発行部数や価格帯は不明だが、江戸市中の人びとに向けて一定の部数が刷られ、版元が利益を得ていたことは想像がつく。

である。

ンスともなっていった。勧進相撲への参加は、藩を上げての一大イベントだったので

　この現象は、時代が下るに連れて庶民層にも一種のステイタスとして普及してい
く。正徳元（一七一一）年には、幕府は江戸市中の庶民が力士を召し抱えることを
禁じる法令を出している（『徳川實紀《じっき》 第七篇《へん》』）。大都市の貨幣経済を背景に余りあ
る現金を手にした江戸の庶民たちは、武士に特有のスポーツの楽しみ方をも我がも
のとして取り込んでいったのである。

　江戸の力士が地方農村に出向き、そこで相撲を披露する巡業も度々行われていた。
信州の五郎兵衛新田村《ごろべえしんでんむら》（長野県佐久市）では、嘉永元（一八四八）年に江戸から四
名の力士を招いて「雨乞相撲」というスポーツイベントが開かれている（『嘉永元年
五郎兵衛新田村雨乞相撲入用帳』）。都市型のスポーツビジネスの波は地方にまで及
んでいたといえよう。

【辻相撲《つじずもう》】

近世の江戸では、寺社の境内《けいだい》に仮設の相撲小屋を建てて、その中に観衆を詰め込んで勧進相撲興行が行われていた。庶民は土俵上で繰り広げられる大男たちの取り組みを観戦し、プロの力士が見せる妙技とパワーに熱狂した。

庶民の相撲熱は、相撲小屋を飛び出して江戸の街路にも一般人が参加できる相撲の世界を作り出す。アマチュア同士で相撲を取ったり、それを観戦して楽しむ「辻相撲」の発生である。『嬉遊笑覧《きゆうしょうらん》』には「大路にて取を、辻ずまふといふ。」と、その存在が記されている。道具を必要とせず、相撲好きが二人以上集まれば成立す

図１　元禄期の辻相撲の様子（『辻相撲絵巻』）

元禄期（1688 ～ 1704）の辻相撲の様子が描かれている。組み合う２人のほかにも、行司、控えの力士、見物人もいて、なかなか本格的である。庶民の中には、大名を真似てアマチュア力士を召し抱える風潮があったらしく、幕府からも身分不相応だとして禁じられた。

る辻相撲は、庶民にとって手軽なスポーツだった。

その意味で、勧進相撲よりも辻相撲の方が歴史は古いことになりそうだが、江戸の辻相撲が勧進相撲に刺激を受けて盛況したことは間違いない。近世の辻相撲は、幕府が取り締まりに乗り出すほどの盛り上がりをみせた。早い例では、慶安元（一六四八）年に通行人の妨げになるとして辻相撲が禁止されている。自然発生的に路上で相撲が行われていた様子がうかがえよう。

その後も、辻相撲には繰り返し厳しいチェックが入るが、やがてその様相にも変化が見られる。正徳元（一七一一）年の禁令では、辻相撲の取り締まりの理由は交通の妨げではなかった。

相撲取りを召し抱えて辻相撲をすることが、庶民には「不似合事」つまり身分不相応だと判断されたのである。庶民が召し抱えたアマチュア力士とは、火消しや鳶《とび》職人だったらしい（『御触書寛保集成』）。勧進相撲で大名がプロの力士を召し抱えていたように、江戸の一般庶民も肉体労働者たちのパトロンとなって辻相撲で競わせていたのである。当時の辻相撲は、自然発生的な路上遊びの域を越え、時間と場所を決めて意図的に行われるアマチュア相撲大会として運営されるケースもあったと思えてくる。そうなれば、勝敗の行方がギャンブルの対象になっていたことは、容易に

図2　辻相撲（『北斎漫画』）

近世後期の葛飾北斎の作品である。「志ろうとすもう」（素人相撲）と添書きされているように、アマチュア力士が辻相撲をしているシーンであろう。一般人同士の取り組みだけあって、勧進相撲のような力強さは感じられないが、誰しもが参加できるところに辻相撲の特徴があった。脇には、しゃがみ込む男たちの姿がある。観客だろうか。あるいは、この取り組みの行方を固唾《かたず》を飲んで見守るギャンブラーかもしれない。

想像がつく。

ところで、近世の辻相撲は「辻踊り」とセットで禁じられた例が多い。元禄《げんろく》二（一六八九）年には「辻相撲辻踊停止之儀」（『御触書寛保集成』）、元禄三（一六九〇）年には「辻相撲辻おとり堅可停止、若相背者有之候ハヽ捕え…」（『御触書寛保集成』）などと記されている。

この事実は、江戸市中の路上には、相撲を取る集団もいれば、踊りを楽しむ人びともいたということを意味しているのだろうか。もしも、江戸の「辻」そのものが、スポーツのプレーグラウンドと化していたなら面白い。現代のように野球場、サッカー場、体育館などがなくても、江戸の人びとは路上で自由気ままに身体を動かす習慣があったと解釈できるからである。

【一人相撲《ひとりずもう》】

近世において、相撲は幅広い層の人びとに慣れ親しまれたスポーツである。勧進相撲、辻相撲、腕相撲など、「相撲」と名の付く対戦型の競技は多い。その中でも一風変わった形式の相撲があった。それが、本来二人で競い合うはずの取り組みを一人で行う「一人相撲」である。『守貞漫稿《もりさだまんこう》』には「単身をもつて角力《すもう》二人の様を擬す。全身力を満たして、敵手あるがごとし。」と説明されている。まるで敵がいるかのように、全力で相撲を取る演技力が肝だった。現代でいえば、「エア相撲」とでも言えようか。

図1　店先で行われた一人相撲（『一蝶画譜』）

明和7（1770）年に江戸で刊行された『一蝶《いっちょう》画譜《がふ》』の1枚で、店先で一人相撲をする男が描かれている。見物人の子どもが指を差して喜んでいる姿がある。一人相撲には、路上の芸として見物人から金銭を貰うものもあれば、店に客を呼び込む目的で行われる形式もあった。

一人相撲のプレーヤーは、まず地面に土俵代わりの円を描く。次に、実在する勧進相撲の人気力士の名を読み上げる。その声を聞いて見物人が集まると一人二役の取り組みがはじまるが、なかなか勝負をつけない。見物人は贔屓《ひいき》の力士に声援を送り、それぞれの方へ投げ銭をした。金額が少ない方の力士が追い詰められる格好となり、土俵際の攻防に熱狂する客の投げ銭を煽《あお》る。最後は投げ銭の多かった力士を勝たせ、負けた力士役を演じて派手に地面にひっくり返ってみせた。すぐに立ち上がって行司役となり、勝ち名

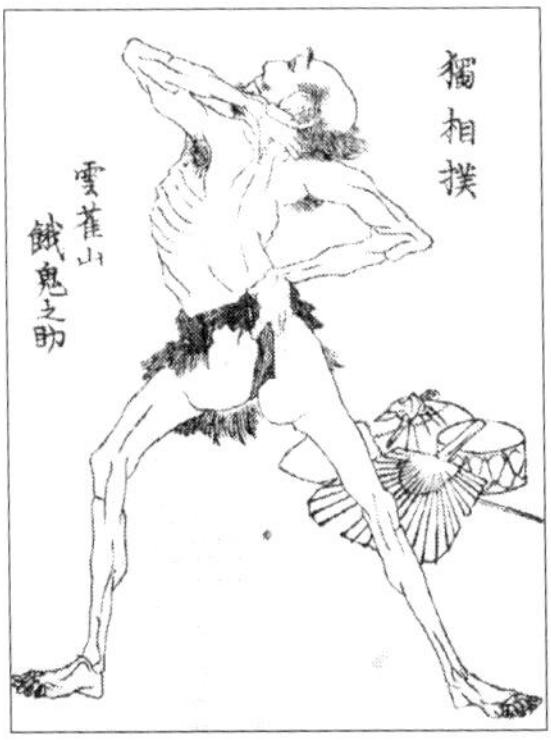

図２　一人相撲（『北斎漫画』）

北斎が描いた一人相撲をする男の姿である。取り組みの最中、自分で首の後ろに手を回し、マワシを摑んで引っ張っている。たった１人で呼出、行司、力士（２人分）の役割までこなすために、脇には団扇や太鼓などの道具が置いてある。

図３　一人相撲（『江戸府内絵本風俗往来』）

『江戸府内絵本風俗往来』に描かれた、一人相撲を取る男のイラストである。男の側には、脱いだ衣類と投げ込まれた銭が転がっている。同書によれば、通常は投げ銭の多い方の力士を勝たせることになっていたが、双方の銭の量にあまり違いがなければ勝負を付けず引き分けとしたらしい。

乗りをあげる（『江戸の夕《ゆう》栄《ばえ》』）。

相撲の取り組みにまつわる一連の役割をすべて一人で担うわけだから、なかなかの体力と演技力が要求されるスポーツである。相撲に没頭している最中の盗難防止のために、観客は長さ四〜五尺（約一二〇〜一五〇cm）の太い竹筒の中に銭を投げ入れた（『守貞漫稿』）。

江戸の一人相撲はダイナ

ミックに滑稽な様を演じる見世物だったが、全国各地を見渡してみると、これが神事として行われた場合もある。愛媛県今治市にある大山祇《おおやまづみ》神社では、一八世紀初め頃より稲の精霊と人間が力くらべを繰り広げる「一人角力」が年中行事として実施され、今日にも継承されている。

明治一〇（一八七七）年三月一五日の『読売新聞』朝刊に、次のような投書が載っている。ある日、東京の両国広小路を通ると、黒山の人だかりができている。何かと思い、人混みをかき分けて近づいてみると、老人が寒い中を白い筒袖一枚で一人相撲をしていた。団扇《うちわ》を持って「ニイシ〜」「ヒガアシ〜」と自分で呼出をして、「ハッケヨイヤ」「ノコッタ」と行司役にもなって声をかけながら、自分一人で相撲を取って勝った負けたを繰り返し、見物客から銭を貰《もら》っていたという（『読売新聞』一八七七年三月一五日朝刊）。

まだ一般人は幕府時代と変わらぬ生活を送っていた明治初期、江戸のスポーツの風景がそこにはあった。

2 力自慢

【力石《ちからいし》】

日本には豊凶を占う年中行事として、重たい石を頭上に持ち上げてその力量を競い合う「力石」が古くから存在する。この手の競技は近世になっても全国的に行われていて、江戸市中でも近世後期に盛んになった。さしずめ、江戸のウエイトリフティングである。

図1　力石をする少年（『亀治郎石ざしの図』）
江戸鉄砲町の仕立て屋の倅《せがれ》で、亀治郎という12歳の少年が力石をしているシーンを描いている。切付には「三拾五〆目」とあるが、kg単位に変換すると、亀治郎は約131kgの石を持ち上げたことになる（もっとも、この数字も実測値とかけ離れていたかもしれないが）。楕円《だえん》に整形された石は、そのまま持ち上げると滑って危険なので、藁《わら》や縄の切れ端を使って滑り止めにする工夫もみられた。

力石の競技は、石の持ち上げ方によっていくつかの種目に分けることができる。二〇貫目《かんめ》（約七五・〇kg）前後の石を両手で抱えて腹にのせ、胸まであげて持ち替え、両手で頭上にさしあげる種目は「石ざし」と呼ばれた。さしあげる時は、腰を後ろに引いて石の落下から身を守ることが基本技術である。二〇貫目（約七五・〇kg）〜六〇貫目（約二二五・〇kg）の石をどちらかの肩に担ぐ「石かつぎ」、その状態から首の後ろを通して反対側の肩に石を移動させる「石回し」、石を抱え持って歩いた距離を競う「石運び」もあった。

力石のプレーグラウンドは主に寺社の境《けい》内《だい》だった。例えば、富岡八幡宮《はちまんぐう》の境内では定期的に奉納の力石が行われていた。同社は、勧進相撲の舞台にもなった江戸のスポーツのメッカである。数名の屈強な男衆が重たい石を頭上に持ち上げるパフォーマンスを、境内の参詣客は群れをなして見物したという（『甲子夜話《かっしやわ》』）。また、文政七（一八二四）年の秋、高田村（東京都豊島区）の南蔵院で開帳が行われた際、江戸の名立たる力自慢の若者が四〇名以上集って、参詣客に多様な力技を披露して話題になったという記録もある（『遊歴雑記』）。

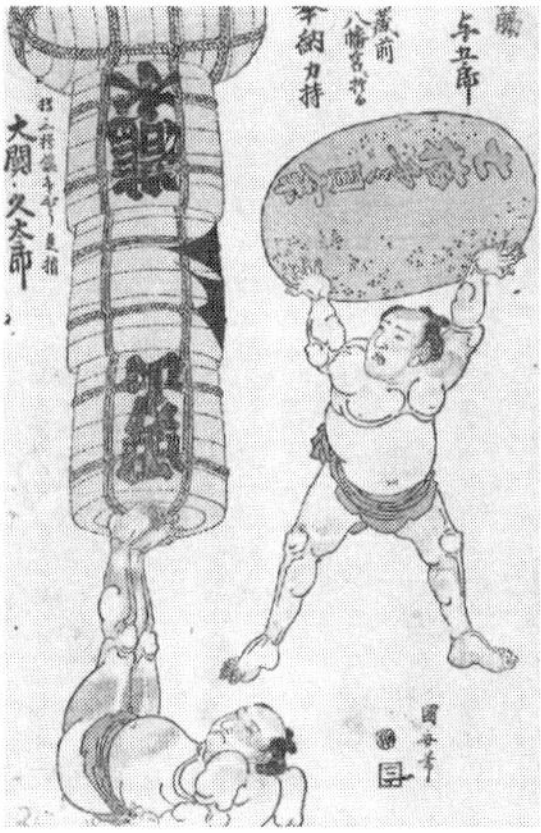

図２　力技を披露する興行
（『御蔵前八幡宮二於而奉納力持』）

浅草の御蔵前八幡宮で行われた力技を披露する「奉納力持」を記念して描かれた作品である。右は与五郎、左は久太郎という人物らしい。久太郎が披露しているのは、寝そべって両足の上に重量のある物体を乗せる「足ざし」というテクニックである。

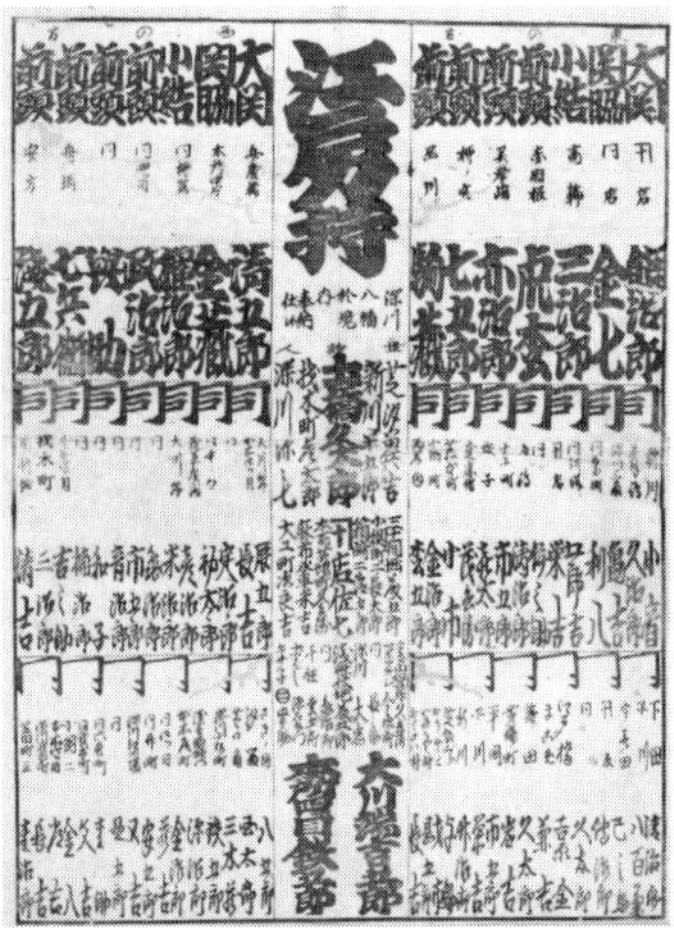

図3　江戸の力持ち番付（『江戸力持』）

勧進相撲の番付にならって、力石の番付も登場した。図は天保4（1833）年の「江戸力持」番付だが、東西に分かれて大関、関脇、小結、前頭の名前が並んでいる。江戸の力自慢の男たちは、我こそはと一般人ではびくともしない重たい石に果敢に挑んでいった。

力石が行われた寺社の境内などには、今でもかつて競技に使われた石が保存されている場合がある。石の表面には、重量、石の名前、年月日、挙上した人名などが刻まれていることもあり、この「切付《きりつけ》」が江戸の力石の実情を現在に伝える情報源となる。ただし、切付に書かれた重量を額面通りに受け取ってはならない。力石に彫られた貫目は、大半が実測値よりも重たく書かれているらしい。

実例をひとつ紹介しよう。東郷元帥記念公園（東京都千代田区）には、文化財として江戸の力石で使われた石が保存されている。石に刻まれた切付には「五拾七貫目」（約二一三・

七kg）とある。ところが、現代になって測り直してみると、一四六kg（三九貫目）しかなかったという。何と三割もさばを読んでいたのである。この石を持ち上げた本人も、まさか遠い未来の日本人に「不正」が暴かれるとは思ってもみなかったことだろう。

浅草や上野など江戸の一大歓楽街では、文化・文政期（一八〇四〜一八三〇）に力石が全盛期をむかえるが、当時挙上された石の重量はだいたい四二貫目（約一五七・五kg）〜六三貫目（約二三六・二kg）の範囲だった。ルールや技術こそ違うが、現代のウエイトリフティングの記録と比べても、世界トップクラスの重量を持ち上げていたことになる。もしも江戸の力自慢たちが二一世紀にタイムスリップしたならば、オリンピックの表彰台は彼らが独占するのではないか、などと想像してみるのも面白い。

【綱《つな》引《ひ》き】

二つのチームが互いに綱を引き合って力を競う綱引きは、古来より世界各地で行われてきたスポーツである。近代オリンピックでも、第二回パリ大会（一九〇〇年）から第六回アントワープ大会（一九二〇年）まで、五大会におよんで競技種目に採用された実績がある。日本では、祭礼と関わって宗教的な色彩を帯びた綱引きが全国各地で行われてきた。今でも、年中行事として綱引きが伝承されている地域は多い。運動会でもお馴染《なじ》みの競技ではないだろうか。

近世の江戸でも、綱引きは民間の習俗として根付いていた。隅田川に架かる千住

図1　千住大橋で行われていた綱引き（『東都歳時記』）

千住北組と南組に分かれた綱引きの対抗戦である。褌《ふんどし》姿になった10数人の大人の男たちが、千住大橋を境に双方に分かれ綱を引き合っている。綱引きを見て通る旅人の姿も描かれ、千住大橋が交通の要衝だったことがわかる。「みるスポーツ」としても人びとの目を楽しませていたのではないか。

大橋では年占いの綱引きが行われ、大河を挟むことから「抜河」とも呼ばれた。隅田川を境に千住南組と北組の対抗戦として例年六月九日に実施された。旧暦の六月九日といえば、現代の新暦に直せば七月下旬の最も暑い盛りである。千住大橋の長さは一二〇mほどだったので、かなり壮観な対抗戦が繰り広げられたに違いない。まさに、真夏のビッグスポーツイベントだった。

千住の綱引きは地元の名物となったが、両チームが興奮状態になり闘争が絶えなかったことから、村同士の申し合わせで

図２　難波八坂神社で行われていた綱引き（『摂津名所図会』）

大坂の難波八坂神社の境内《けいだい》で盛大に行われた綱引きで「牛頭天王《ごずてんのう》綱引」と呼ばれた。江戸の千住大橋の綱引きと比べると、綱の太さが明らかに異なり、したがって引き合う人数も多い。現在も正月の恒例行事として残っている。

あえなく中止に追い込まれてしまった（『東都歳時記』）。大汗をかいて綱を握る人びとにとって、綱引きは年中行事や年占いの域を超えて、村の威信を賭けた絶対に負けられない大勝負だったのだろう。

　綱引きは天王祭に合わせた年中行事だったが、この日は綱引きだけではなく神輿《みこし》が隅田川を渡る風習もあったらしい（『東都歳時記』）。綱引きと同じように、両村を代表する屈強な男衆が神輿を担いで川に入り、渡河の速さを競う対抗戦を繰り広げていたとしても不思議ではない。

一方で、子どもの綱引きは少し様子が異なっていた。複数人のチーム対抗ではなく、一対一で綱を引き合うのが通例だったようである。江戸では正月遊びとして子どもの間で行われていた。もっとも、ある程度の人数が集まらなければ実施できない大掛かりなチーム対抗方式よりも、その場に二人いればすぐに楽しめる子どもの綱引きの方が手軽だったことは間違いない。

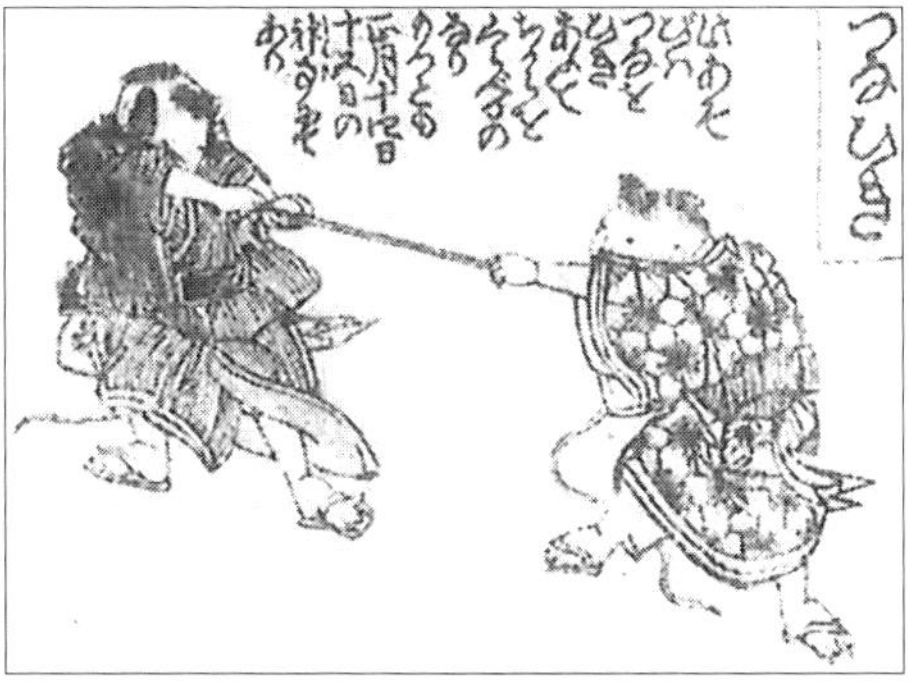

図3　子どもの綱引き（『幼稚《おさな》遊《あそび》昔《むかし》雛形《ひながた》』）

江戸の子どもの遊びとして綱引きを描いている。「つなをひきあうて ちからをくらべるのなり」との添え書きもある。大人の綱引きはチーム対抗戦だったが、子どもはこのように2人で綱を引き合って遊んだようである。

【いろんな力《ちから》くらべ】

江戸の人びとが楽しんだ力くらべのスポーツには、二人組で簡単に実施できるものがたくさんあった。

首引は、向かい合った二人が輪っかにした紐《ひも》を首にかけて互いに引っ張り合い、引き寄せられた方を負けとする純粋な力くらべである。古くは「頸《くび》引」とも書いたが、近世後期の江戸では「くびっぴき」（首っ引き）とも呼ばれていたらしい（『守貞漫稿《もりさだまんこう》』）。両者とも腕組みをして力を込めるのがポイントだった。

類似の形態に紐引がある。首引と同じく、対面する二人が輪っかを両手に持って

図１　江戸庶民の力くらべ（首引、紐引）（『江戸遊戯画帖　座相撲・首引・紐引』）
江戸の風俗を描いた『江戸《えど》遊戯《ゆうぎ》画帖《がちょう》』の１枚である。互いに首に紐をかけた２人が、足を合わせて紐を引き合っているのが首引である。行司の姿もある。その下で両手で紐を引っ張り合っているのが紐引である。

引っ張り合った。互いに曲げた右腕に紐をかけて引っ張り合う腕くらべ、互いの耳に紐をかけて首引の要領で引き合う耳くらべもある。枕引も、道具を使う力くらべである。木製の箱枕の端を二人が指先で持って引っ張り合い、勝負を争った。

「引く」力を競うスポーツの中には、道具を使わないものもあった。『守貞漫稿』には、向かい合う二人が互いに曲げた指を一本絡め合い、引っ張り合うルールで行う指引が紹介されている。

「押す」力で勝負する勇壮なスポーツもあった。その代表格が、腕押しである。『守

図２　江戸庶民の力くらべ（すね押し、腕押し、枕引）（『江戸遊戯画帖　腕相撲・足相撲・枕引』）

同じく『江戸遊戯画帖』の１枚である。上から、すね押し、腕押し（腕相撲）、枕引の様子を描いている。

貞漫稿』はこの競技の模様を「二夫相対し、ともに右手の肱《ひじ》を畳につけ、掌を合せ握り、押して、押し伏すを勝ちとす。」と説明した。ご存知、今日でいう腕相撲である。腕を足に代えて押し合う競技を膝挟《ひざばさみ》といった。『守貞漫稿』には「両夫脛《すね》を合せ押して勝負す。名付けて足相撲。」と記されている。江戸では「すねをし」（すね押し）や「足相撲」とも呼ばれていた。

必ずしも力くらべとは言い難

いが、相撲と名の付くものに指相撲があった。互いに右手を握って親指だけを立てて相手の親指を押さえ込むというルールは、今日と変わるところはない。

そのほかにも、力くらべのスポーツが存在した。一本の棒の両端を二人が握り、互いに逆に回転させて手首のパワーを競うものを棒ねじり、互いの額をくっつけて力いっぱい押し合うものをひたい押しと呼んだ。

このように、近世の江戸には二人が互いにパワーを競い合うシンプルな力くらべのスポーツがたくさん存在していた。経済力に左右されずに、誰もが手軽に身体運動を楽しめたのである。

第8章

技くらべ【わざ-くらべ】

1 武芸
2 大道芸
3 達成型

1 武芸

【剣術《けんじゅつ》】

もともと、剣術は武士に必須の教養だったが、戦乱が相次いだ中世とは異なり、近世になって泰平の世が実現したことで、武士は次第に実戦の場から遠ざかっていく。すると、剣術の腕前や商才に長けた剣士らがたくさんの流派を形成し、そこでは殺傷能力を磨くよりも流派に伝わる「型」が重視された。それまで、兵法として

図1　剣術稽古の様子（『北斎漫画』）

近世後期の剣術稽古の様子である。防具なしで打ち合っているため安全性は低いが、竹刀《しない》の登場によって立ち合い稽古で相手を殺傷するリスクは著しく減少した。19世紀には現代のような四つ割り竹刀が登場するが、それ以前は、縦に細く割った16本から32本位の竹を革の袋に入れて作る「袋竹刀」が用いられていた。この袋竹刀が撓《しな》うことから、「しない」と読ませるようになったという説もある。

図2　竹刀打込み稽古の様子（『北斎漫画』）

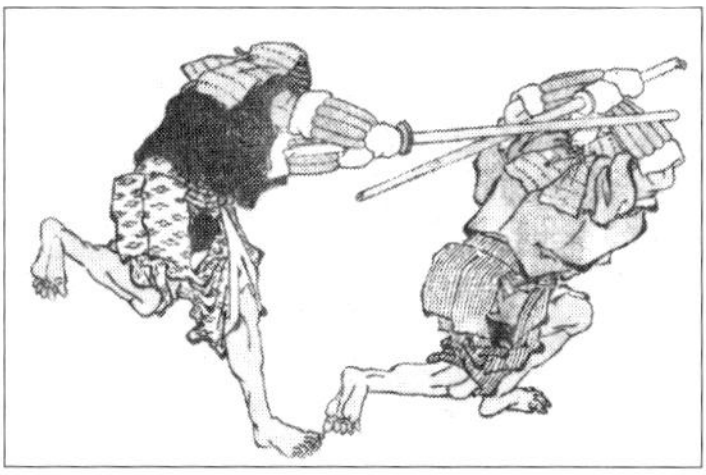

竹刀を手に防具を装着して打ち合う「竹刀打込み稽古」である。こうなると、見たところは今日の剣道と何ら変わるところはない。剣術の防具は、直心影流《じきしんかげりゅう》の長沼国郷《ながぬまくにさと》が改良を加え、籠手《こて》、面、胴を備えた形式が完成したという。防具の登場は実戦さながらの立ち合い稽古を可能にした。

説かれてきた殺法《さっぽう》を平和な時代に相応しい「道」の文化に洗練させていく転換期が訪れたのである。

やがて、江戸では鏡新《きょうしん》明智流《めいちりゅう》の士学館、北辰一《ほくしんいっ》刀流《とうりゅう》の玄武館、神道無念《しんとうむねん》流《りゅう》の練兵館といった名門道場をはじめ、たくさんの町道場が生まれる。剣術を習うチャンスが広がり、一般庶民の中にも町の剣術道場に通う者が出

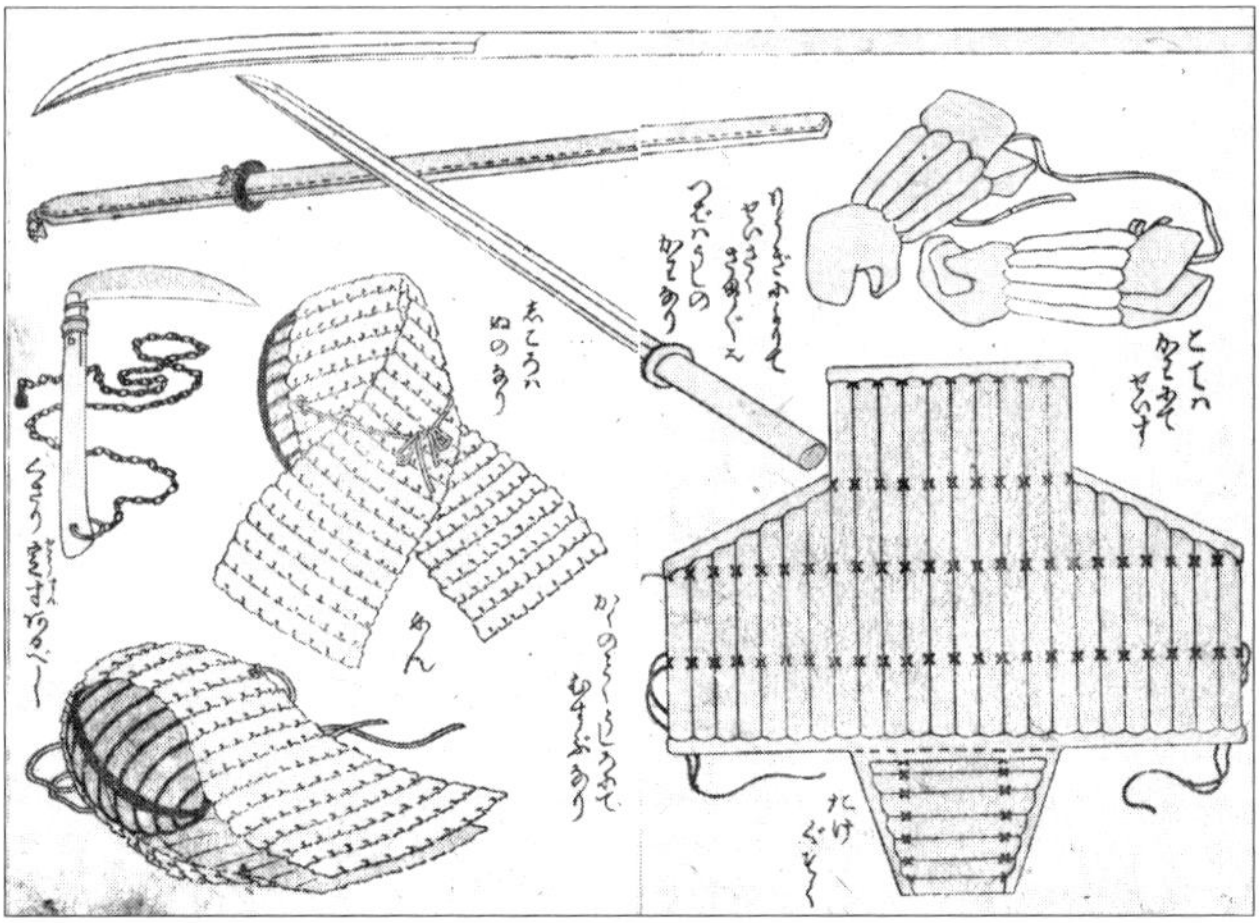

図３　剣術に用いられた道具（『北斎漫画』）

剣術に用いられた竹刀や防具である。描かれた面、籠手、胴を見ると、今日の剣道と同じような防具がこの時代に存在していたことがわかる。北斎がイラストに添えた説明書きによると、籠手は革製、胴は竹製、面は正面の金具以外は布製だったという。

現した。自宅で剣術の稽古を行うための『剣道独稽古』という絵入りの教本も出版されているが、このことは、それまで主に武士の専有物だった武芸が庶民層にも降りてきた時世を物語る。

　剣術の各流派では他流試合は厳禁で、剣術の理論や技術はそれぞれの流派や道場の中で師匠から弟子へと秘密裏に受け継がれていた。秘伝の奥義や心得を伝書にまとめて記録化した流派もある。戦乱から遠ざかり、真剣で相手に致命傷を与える機会にもほとんど遭遇しない時代、試合形式の稽古が行われることは稀《まれ》で、型の習得を目指す形式の「型稽古」がメインだった。

やがて、近世中期以降に竹刀《しない》や防具が登場すると、最低限の安全性が保障されたことで実戦形式の「竹刀打込み稽古」が主流になった。同じ流派同士では飽き足らず、稽古の相手を他流派の剣士にも求め、広い世界を見ようとする者も現れる。

天保期（一八三〇〜四四）の末以降、大半の流派や道場で他流試合が解禁され、流派間の交

図４　江戸の剣術道場の朝稽古
（『江戸府内絵本風俗往来』）
江戸の剣術道場で朝稽古に汗を流す門弟たちの姿である。奥には防具を身にまとった剣士たちが、熱心に竹刀打込み稽古に励んでいる。特に近世後期になると、江戸の剣術は武士だけの専有物ではなく、庶民も足繁く道場に通うようになった。

流が活発化していった。江戸市中でも、町の道場を次々と訪問し勝負を申し込む剣術修行が盛んに行われていたようである（『幕末百話』）。

近世後期には、一般庶民の間で全国の名所旧跡を歩いて巡る旅が流行するが、こうした旅行文化の成熟は、剣術の世界にも変革をもたらすことになった。腕試しを求める武者修行の旅行者が急増し、全国各地の道場を訪ね歩いて他流試合にチャレンジする剣士も続々と現れる。修行中の他流試合は案外歓迎され、夜は地元民と酒を酌み交わしながらの剣術談義に花が咲いたらしい（『諸国廻歴日録《しょこくかいれきにちろく》』）。

かくして、地域や流派を越えた新時代のスポーツ交流が盛んになる。それまで交わることのなかった遠方に暮らす者同士が、スポーツを通じた異文化交流によって相互理解を深める時代が到来したのである。西洋の近代スポーツを受け入れる土壌は、こうして醸《かも》し出されていったといえよう。

【居合《いあい》】

居合《いあい》とは、鞘《さや》に収めた状態の真剣を素早く抜いて敵を切り倒したり、自身を守る技のことである。居合抜《いあいぬき》や抜刀術《ばっとうじゅつ》などとも呼ばれた。武芸十八般（武士に必要とされた一八種類の武芸）の一つにも数えられている。

戦国時代末期に林崎重信がはじめたものとされ、近世には田宮流、関口流などの名門流派も誕生する（『古事類苑《こじるいえん》』）。平和な世の中になると、武士の間でも真剣を取り扱うことが少なくなったので、この点を補う実践的な術としても居合は重視されていた。

ダイナミックで見栄えのする居合は、見世物の人気演目にもなる。近世初期、居合は武技そのものを披露する芸として興行されていた。江戸では、延宝（一六七三〜八一）の時代に日本橋近くの葺屋《ふきや》町《ちょう》で居合や柔術を披露する見世物興行があったという（『嬉遊笑覧《きゆうしょうらん》』）。

一七世紀末頃からは、居合は曲独楽《きょくごま》とともに歯磨き粉や反魂丹《はんごんたん》などの医薬品を売る時の客寄せとして演じられるようになった。芸人の妙技を見たさに集まった観客相手に、薬を販売しようという戦略である。

江戸の居合名人の中でも特に有名だったのが、代々浅草に住んで芸を披露した長井《ながい》兵助《ひょうすけ》である。

図1　居合（『人倫訓蒙図彙』）

17世紀末刊行の『人倫訓蒙《じんりんきんもう》図彙《ずい》』には「いあい とりて」という項目がある。元々居合術は柔術（とりて）と並ぶかたちで扱われていた。画中には、右側に居合をする者が、左側に柔術で相手を転がしている者が描かれている。いずれも、戦闘を意識した武術だったといえよう。

図２　見世物としての居合（『職人尽絵詞』）

真剣を扱う居合は、もともとは戦乱を想定した実用術だったが、やがて客寄せのための見世物として流行していく。江戸では、歯磨き粉を売る長井兵助などが有名な居合の名人だった。この絵に描かれているように、不安定に積まれた台の上に高下駄を履いて足をかけ、次々と刀を抜いていく。ダイナミックな曲芸は江戸の人びとを魅了した。

幕末に長井兵助の居合を見物した鹿島《かしま》萬兵衛《まんべえ》は、後にその模様を以下のように回想している。

長井兵助は蔵前に店を構え、本業は歯抜きと歯磨き粉を商っていた。居合の見世物をする時は、店先の広場に出て、後ろに九尺（約二七〇cm）ほどの長刀と三尺（約九〇cm）～六尺（約一八〇cm）の小中の刀を飾る。袴《はかま》を着て襷《たすき》を掛け、高下駄を履いた兵助は、高く積まれた不安定な台の上に昇って次々と刀を抜いてみせた。「アイ、アイ、さようでございい」などとテンポの良い口上を述べてたくさんの観客を集め、同時に歯磨き粉を売りさばいていく。鹿島萬兵衛の記憶では、この居合は「蔵前の名物」だったらしい（『江戸の夕栄《ゆうばえ》』）。

戦時を忘れないための実用術の役割が期待された居合も、江戸人の手にかかれば大衆を喜ばせる刺激的なショータイムとなった。居合は各流派において純粋な武術としても継承されていたが、江戸庶民の間では「居合＝見世物」と考えるものが大半だったことだろう。江戸という平和なスポーツ都市には、争い事を戯れ事に取り込んでいく不思議な力があった。

【馬術《ばじゅつ》】

泰平の世が築かれた近世にも、馬術は武士の必須の教養として生き残っていた。剣術のように馬術にも流派が存在したが、近世の馬術の発達に大きな影響を与えたのは八代将軍吉宗《よしむね》だった。吉宗は戦乱から遠ざかった幕臣の意識を引き締めるために武芸を奨励する。将軍の前で技術を披露させる武芸上覧や、登用に際して武芸をテストする武芸吟味を課したほか、途絶えていた馬術や弓術を復興させた。

吉宗は武士の実践的な戦闘能力を向上させようとしたため、馬術の技法をとってみても、曲技的な能力よりも、持久力や速力などを重視した。ゆっくり歩く「常歩《なみあし》」、

図1　近世の馬術（『北斎漫画』）

葛飾北斎が描いた近世の馬術の様子である。8代将軍の徳川吉宗は実践的な武芸を奨励したため、馬術の訓練でも、馬のスピードを正確にコントロールできることが重要視された。

やや速い「速歩《はやあし》」、さらに速い歩法となる「駆歩《くほ》」を巧みにコントロールできる技術が要求されていたのである。

馬術のテクニックを競う手段の一つに競馬《くらべうま》があった。競馬は、騎乗の馬を走らせて速さを争う競技のことで、古代から祭礼や年中行事として行われている。京都の上賀茂神社の競馬は古くから有名で、端午の節句（五月五日）の年中行事として近世以降も親しまれた。今日の競馬の

図２　上賀茂神社の競馬（『大和耕作絵抄』）

上賀茂神社の競馬《くらべうま》の模様が描かれている。疾走する２頭の馬と騎手、それを見る観客の姿がある。日本の競馬は、もともとは宮中で行われていたもので、２頭の馬の速さを競い天下泰平や五穀豊穣《ごこくほうじょう》を祈願したことに由来する。上賀茂神社の競馬は、堀河天皇の寛治７（1093）年に奉納されたことをきっかけに、それ以来今日まで続く神事である。

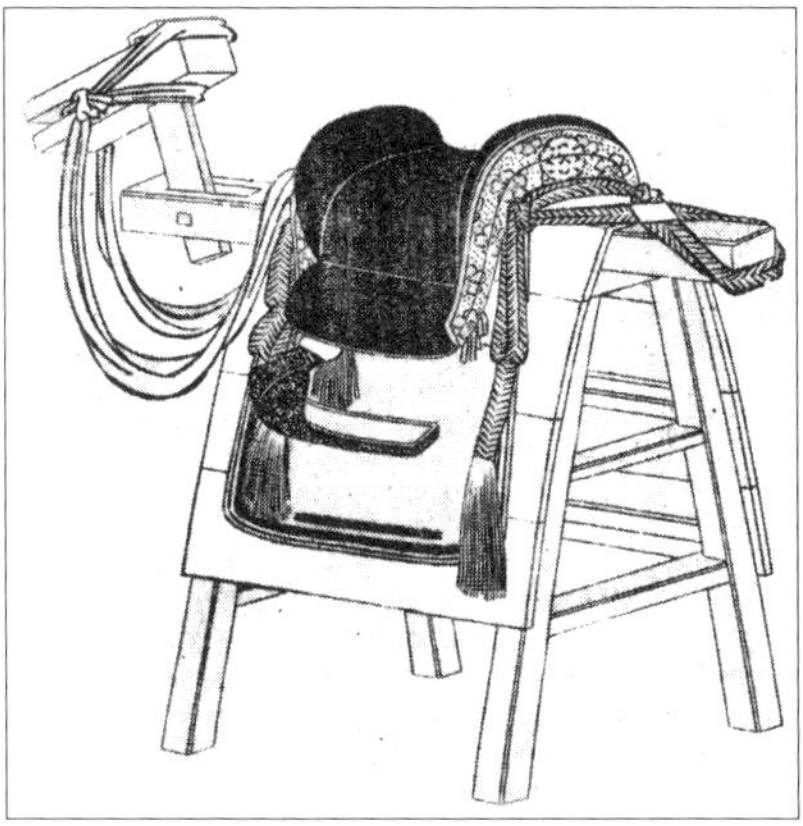

図３　近世の木馬（『北斎漫画』）

『北斎漫画』に描かれたイラストの１枚である。近世後期には、このような木馬が存在したらしい。西洋を例にとれば、木馬を使った馬術訓練から鞍《あん》馬《ば》や跳馬《ちょうば》といった体操競技の種目が派生している。近世の武士が木馬に跨《またが》ってどのような訓練をしていたのか、興味は尽きない。

ように多くの馬が出走するのは稀《まれ》で、二騎で競うケースが普通だった。『守貞漫稿《もりさだまんこう》』には、近世後期になっても端午の節句には京都の藤森宮など各地で「走馬《はしらせうま》」（競馬のこと）が催されていたことが紹介されている（『守貞漫稿』）。

吉宗が復興させた馬術には、流鏑馬《やぶさめ》も含まれていた。流鏑馬は約二二〇ｍの直線の馬場で、間隔をおいて三ヵ所に立てられた的を、馬を走らせながら鏑矢《かぶらや》で次々と射る競技である。平安時代より実践を想定した武術の訓練として行われていたが、戦乱の影響や戦術の変化もあって途絶えていたも

図４　流鏑馬（『赤坂御庭図画帖《あかさかおにわずがじょう》』）

赤坂にあった紀州藩の江戸中屋敷の庭園内で行われていた流鏑馬が紹介されている。疾走する馬に乗って３ヵ所の標的を次々に射るスポーツだった。馬術と弓術を組み合わせた高難度のテクニックが要求されたのはいうまでもない。

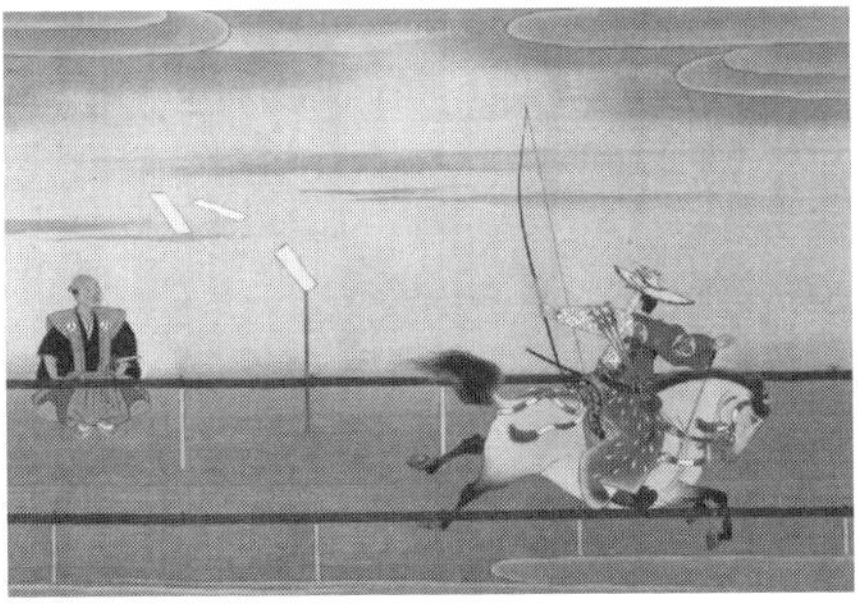

図5　流鏑馬（『流鏑馬図巻』）

同じく、流鏑馬の様子が紹介されている。的に矢が命中した瞬間だろう。流鏑馬に用いられたのは鏑矢だった。鏑矢とは、矢の先に内部が空洞の球形をつけ、射放つと空気が流入して音を発する矢のことである。

のを、吉宗が武芸奨励の一環として復活させた。江戸では赤坂の紀州藩江戸中屋敷や、上野の寛永寺などで盛んに実施されたという。

高速で疾走する馬の上で手綱《たづな》から両手を離した状態で、的から次の的までの短い時間に箙《えびら》（矢を入れる武具）から矢をとり、つがえて射る動作を正確に繰り返さなければならない。ハイレベルの馬術と弓術を兼ね備えた者だけが実施できる、難易度の高いスポーツだった。

競馬や流鏑馬は「みるスポーツ」としても栄えた。観覧席に詰めかけた見物客は、馬のスピード感や射手《いて》の人並外れたテクニックを楽しんだ。武士の馬術鍛錬には、時として人にみせることを前提としたエンターテインメント性も要求されたのである。

【柔術《じゅうじゅつ》】

柔術は、日本に古来より伝わる、徒手《としゅ》や短い武器による攻防の技法を中心とした武術である。その開祖や発祥年代について、詳しいことはよくわかっていない。

柔術の原形は、中世に武士の教養として普及した「組打ち」にみることができる。中世の合戦は、馬に跨《また》がり弓矢を用いて敵軍と相対するものだったが、動くターゲットに矢を命中させるのは簡単なことではなく、実際に弓矢で敵に致命傷を与えることは難しかった。だから、最終的には馬を降りて白兵戦に移行し、相手と組み合って決着することも少なくなかった。そんな時に、日頃学んだ柔術の心得が威力を発

図１　近世の柔術（『北斎漫画』）

葛飾北斎が描いた近世の柔術の様子である。3つとも、相手に関節技をかけているシーンであろうか。近世の柔術には、投げ技、固め技、当て身技が存在した。

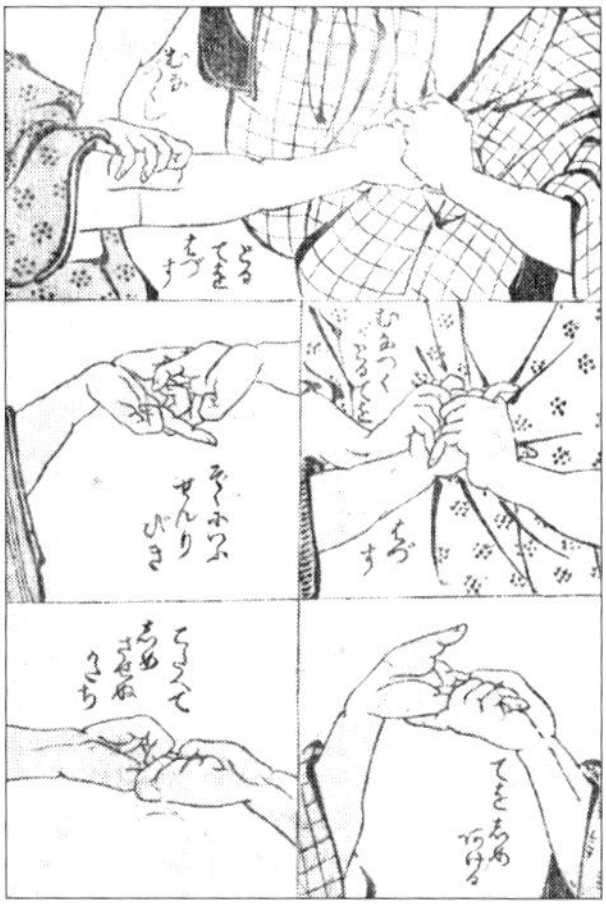

図２　柔術の技術（『北斎漫画』）

同じく『北斎漫画』である。相手と組み合った時の技法が解説されている。胸ぐらをつかまれた手を外す方法、相手の指関節を極める方法、手を締め上げる方法などをイラストで表現したものである。柔術が合戦の組打ちから生まれたことを想起させる。

揮したわけである。

近世になって泰平の世が実現すると、柔術は合戦を想定した実用術から転換して芸の道を歩み、独自の理論を唱える流派が乱立する。近世の柔術流派は、戦国末期に生まれた竹内流《たけのうちりゅう》を最古として、関口流、渋川流、楊心流《ようしんりゅう》、荒木流、三浦流、直信流《じきしんりゅう》、起倒流《きとうりゅう》、天神真《てんじんしん》楊流《ようりゅう》などを筆頭に、幕末までに多数の流派が出現した。

こうした柔術諸流派の発達を背景に、柔術、体術、和《やわら》、小具足《こぐそく》、捕手《とりて》などの名称で呼ばれたこの武術は、武士を中心に全国の柔術愛好家によって洗練されていった。

近世の柔術流派は、投げ技を中心とする流派と、抑え込みなどの固め技を重視する流派に二極化していたが、その技術体系には、投げ技、固め技、当て身技の三つが存在した。投げ技はその名の通り相手を投げることで、固め技は相手を押し倒して抑え込み、関節技を仕掛けたり喉元を絞めるような技法を意味した。当て身技は、敵の急所を目掛けて手足で打突（突き、蹴りなど）することである。

幕末期には、流派の壁を越えてよりハイレベルな柔術家を志す者が現れ、武者修行の流行とも関わって柔術の他流試合が盛んになる。剣術がそうであったように、流儀の違いや地域性を飛び越えたスポーツの異文化交流が達成されていたのである。

明治期になると、天神真楊流と起倒流を学んだ嘉納治五郎《かのうじごろう》によって、柔術の技法に合理的な工夫が加えられる。近世は泰平の世の中ではあったものの、合戦の組打ちから生まれた柔術の技には多くの殺法《さっぽう》が含まれていたことはいうまでもない。そこで嘉納は、柔術に含まれる極めて危険な技を取り除いて体系化し、明治一五（一八八二）年には東京の下谷区北稲荷町に講道館という道場を開設する。後にオリンピック種目の座を射止める柔道の誕生である。

【水術《すいじゅつ》】

近世には武術の一つとして水術が存在した。海に囲まれた日本では、各地の河川や海辺で武士を中心に水術が発達する。特に、幕末になると欧米列強国の圧力から海防意識が芽生え、ほかの武術と同様に水術を奨励する藩も少なくなかった。幕末の水戸藩では、夏になると藩のお抱え水術師範が那珂川《なかがわ》で藩士の子弟に稽古をつける風習があり、大半の武家の男児が泳ぎをマスターしていたらしい（『武家の女性』）。水術を奨励する範囲が子どもにも及んでいたことがわかる。

江戸では、隅田川に水練場が設けられ、夏場は武士の水術稽古が行われていた。

図1　近世の水術（『北斎漫画』）

葛飾北斎が描いた近世の水術である。流派は定かではないが、実に多様な泳法があったことがわかる。衣類を片手に持って濡《ぬ》れないように立泳ぎをする者、馬とともに水中を泳ぐ者、水面下に潜っていく者、浮輪や浮袋を使って水面に浮かぶ者、中には着衣のまま立泳ぎをする者も描かれていて、軍事を前提とする武術としての様相がうかがえる。

明治期になると、水術の担い手に変化がみられる。幕藩体制の崩壊によって武術としての存在意義を失った水術は、今度は一般庶民のレクリエーションとなった。明治六（一八七三）年頃からは、隅田川浜町の河岸で水泳教室が開かれるようにもなる。

近世水術のけん引役は、日本列島の沿岸各地で生まれた水術諸流派だった。その代表格には、紀州地方の能島流《のしまりゅう》、

図２　隅田川の水術（歌川國貞『極暑あそび』）

隅田川に浮かぶ遊船と、その下で泳ぐ人びとが描かれている。隅田川には武士の水練場があったので、ここは江戸の水術のメッカでもあった。立泳ぎをしたり、垂直に足を伸ばしたり、仰向けになるなど、シンクロ競技を彷彿《ほうふつ》とさせる泳ぎ方である。泰平の世にあって、水術は一面ではシンクロと同じく人に見せることを前提とした「芸」の道を歩んでいた。

小池流、岩倉流、観海流、四国・中国地方の神伝流、小堀流、八幡流《はちまんりゅう》、神統流、山ノ内流、水戸地方の水府流、さらには幕府を中心に発達した向井流、講武永田流もある。以上は近世までに誕生した流派で、これに明治期発祥の水府流太田派を加えた一三流派は、日本水泳連盟公認の「日本泳法」となっている。

日本古来の水術は、水中で身体を操作する技術は近代泳法に勝るとも劣らないかなり高いレ

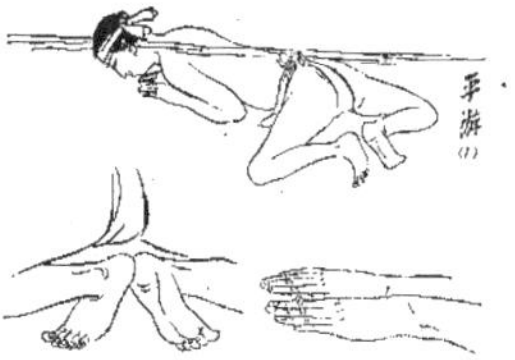

図３　能島流の平游の泳法（『能島《のしま》流《りゅう》游泳術《ゆうえいじゅつ》』）

紀州で発達した能島流に伝わる「平游《ひらおよぎ》」である。この泳法は、近代泳法では平泳ぎに類似している。

図４　能島流の抜手の泳法（『能島流游泳術』）

能島流の「抜手《ぬきて》」である。水中から腕を旋回して推進力を得るという点でクロールに似ているが、武術という特性から周囲の状況を確認しつつ水面から顔を出して泳ぐため、ひたすら速さを追求するクロールとは異なっていた。足の使い方も、クロールのようにバタ足ではない。

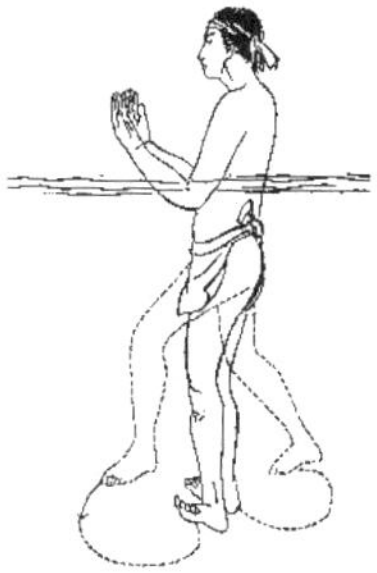

図５　能島流の立泳ぎの泳法（『能島流游泳術』）

能島流をはじめ日本古来の水術では、水面から頭部を出したまま静止する立泳ぎが発達した。こうした足技が、シンクロ競技を受容する下地となった。

ベルに達していた。水術の稽古では、平泳ぎに類似した「平体《へいたい》」、サイドストロークに似た「横体《おうたい》」、西洋では稀《まれ》だった「立体《りったい》」（立泳ぎ）をはじめ、あらゆるタイプの泳法の習得が目指されていたのである。

　ただし、戦乱を想定する武士

の水術は純粋にスピードを競うものではなかったため、そのまま近代スポーツの世界で通用したわけではない。特に、クロールの泳法は、頭を水中に入れて周囲への注意を遮断することになるため、対人を前提とする武術としてはタブーだったことになろう。日本競泳陣が初めてオリンピック（アントワープ大会、一九二〇年）に参加した時、水術をベースに泳いだ日本選手は欧米選手の本場のクロールの前にまったく歯が立たずに惨敗したという話も残っている。ただし、日本人スイマーたちは転んでもただでは起きないメンタリティを持っていた。その後、日本の水泳界はオリンピックで見た近代泳法をわが物とし、メダルを量産する戦前の黄金期を築き上げていったからである。

一方、日本のシンクロ競技（現在のアーティスティックスイミング）の発展もまた、古来の水術と大いに関係があった。紀州和歌山藩で発達した能島流は、近代以降は大阪府堺《さかい》市の浜寺水練学校に引き継がれる。大正末期、同校では、能島流に伝わる泳法と近代泳法をミックスし、音楽に合わせて集団で演技する「楽水群像《らくすいぐんぞう》」が生み出された。アメリカでシンクロ競技が誕生するよりも前の話である。やがて、浜寺水練学校は黎明期《れいめいき》の日本シンクロ界をリードする存在となり、ここから五輪メダリストも巣立って行った。

近世の武士層に親しまれた水術というスポーツは、後に西洋から輸入される近代泳法をスムーズに受容し、世界の第一線で活躍するスイマーを生み出す下ごしらえともなったのである。近世から近代へのスポーツの連続性が垣間《かいま》見えて実に興味深い。

2 大道芸

【曲鞠《きょくまり》】

人並はずれたテクニックを駆使して鞠《まり》を蹴る見世物を曲鞠と呼んだ。観客に見せることを前提としたリフティングの職人芸である。

天保一二（一八四二）年の三月、浅草寺観音の開帳に合わせて境内《けいだい》の奥山という場所で曲鞠の見世物が行われた。大坂出身の菊川国丸という人物が披露する曲鞠はたちまち評判となり、日を追うごとに見物人が増えていったという（『武江年表』）。

肥前平戸藩の松浦静山の随筆集『甲子夜話《かっしやわ》』には、人づての見聞ではあるが、この曲鞠の一部始終が紹介されている。菊川国丸が披露した演目はかなりの数に及んでいるが、以下ではそのいくつかを取り上げて、国丸の華麗なる足技の世界を共有したい。

「足定め」：数個の鞠を同時に蹴る。

「扇《おうぎ》　留《どめ》」：鞠を蹴り上げて、片手に持った扇の上で受け止めて静止させる。

「煙草吃《たばこのみ》」：鞠を蹴りながら片手に盆を提げ、もう一方の手にもったキセルで煙草を吸う。

図１　扇留（『甲子夜話』）

「扇留」は鞠を蹴り上げて、片手に持った扇の上で受け止めて静止させる技だった。他にも、手を使う演題として、バスケットボールのように指の上で鞠を回転させる技もあった。

「滝流し」：蹴った鞠を身体で受けながら、寝そべって鞠を
身体の下部に向けて転がす。
「襷《たすき》　掛《がけ》」：蹴った鞠を身体で受け、襷を掛けるように上
体の表面に添って鞠を転がす。
「八重桜」：鞠を肩で受けてから腕へ流し、これを跳ね上げ
て額と頭頂部でヘディングする。
「生　花」：鞠を蹴りながら花を生ける。
「負《おい》　鞠《まり》」：蹴った鞠を背中で受けて上下させる。
「足皮脱《たびぬぎ》」：鞠を蹴りながら、もう片方の足の足袋を脱ぐ。
「文字書《もじかき》」：鞠を蹴りながら、紙上に字を書く。
「乱杭渡《らんくいわたり》」：二間半（約四・五ｍ）の間隔で並ぶ高さ三尺（約
九〇㎝）の杭の上で鞠を蹴って進む。
「下《さが》り藤」：乱杭渡で杭を渡り終えたら、松の枝にぶら下

図２　負鞠（『甲子夜話』）

「負鞠」は蹴り上げた鞠を背中で受け止めて、背中の上で鞠を弾ませた。他にも、ヘディングを連続させたり、鞠を上空に高く蹴り上げるようなリフティング系の技も充実していた。

がり浮いた足で鞠を蹴り上げる。

「梯子升《はしごのぼり》」：鞠を蹴り上げながら、階段を上り下りして進む。

「八《やつ》橋《はし》」：八つに折れ曲がった細い板橋の上を、鞠を蹴り上げながら渡る。

図３　乱杭渡と下り藤（『甲子夜話』）

「乱杭渡」と「下り藤」は一続きの技だった。まず、2間半（約4.5m）の間隔で並ぶ高さ３尺（約90cm）の杭の上で鞠を蹴り進み、渡り終えたら予め設置しておいた松の垂《しだ》れ枝にぶら下がり、地上から浮いた足で鞠を蹴り上げる。エンターテインメント性にあふれた演目である。

図４　梯子升（『甲子夜話』）

急な階段を鞠を蹴りながら上下する演目である。動きが多く難易度も高いダイナミックな「梯子升」は、観客を魅了したに違いない。

図５　八橋（『甲子夜話』）

「八橋」は８つに折れ曲がった細い板橋の上を、鞠を蹴り上げながら渡るものだった。進路が直角になるので、かなり難解な技だったと想像できる。

このように、菊川国丸という芸人が披露した曲鞠とは、サッカー選手も顔負けの高難度のリフティングだった。江戸の人びとが国丸の曲鞠を見たさに黒山の人だかりを作ったのもうなずける。近世の江戸には、超絶テクニックを駆使したボールゲームの世界が広がっていたのである。

図6　猫を擬人化した曲鞠（『流行　猫の曲鞠』）

猫を擬人化して、曲鞠の演目が描かれている。天保12（1841）年の菊川国丸の曲鞠をイメージしたものらしい。国丸の曲鞠が江戸人の心を捕え、一大ブームになっていたことがわかる。

【軽業《かるわざ》】

日本の軽業の源流は、奈良時代に中国から伝わった散楽《さんがく》に含まれる曲芸だった。その中から、蜘舞《くもまい》と呼ばれた綱渡りの芸が変化したものが、近世に軽業として大きな発展を遂げる。

近世の軽業は、江戸に先行して大坂で盛り上がりを見せていた。正徳元（一七一一）年頃に大坂で編まれた『和漢三才図会』には、軽業に類するものとして「高組《つなわたり》」（綱渡り）、「籠脱《かごぬけ》」（小さな籠を巧みに通り抜ける）、「竪物《たてもの》」（重い梯子《はしご》を口にくわえた棒で受ける）、「弄丸《たまどり》」（鎌、棒、鞠《まり》を混ぜたお手玉）が紹介されている。いずれも、

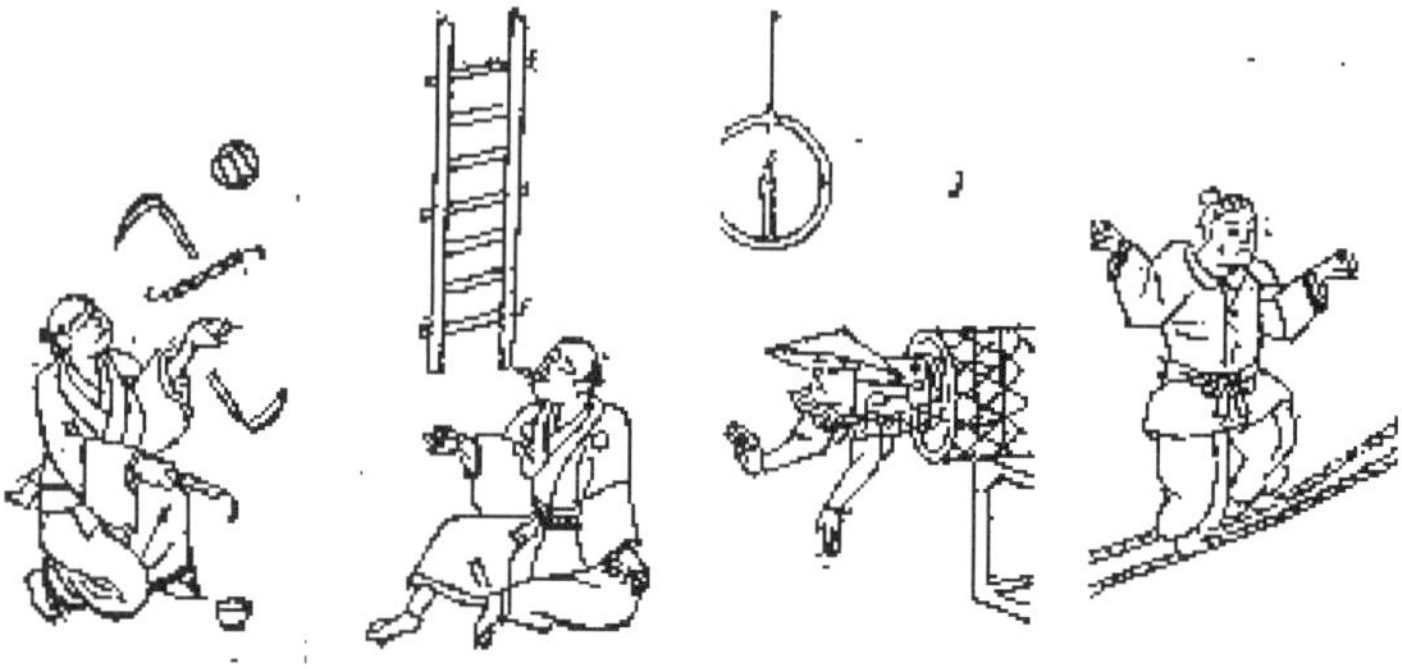

図１　18世紀初頭の軽業（『和漢三才図会』）

正徳２（1712）年頃に成立した『和漢三才図会』には、「芸能」という項目の中に軽業らしき曲芸の記事が見られる。同書に描かれたイラストを見ると、それがどのようなアクロバットだったのかが想像できる。右から「高組《つなわたり》」「籠脱《かごぬけ》」「竪物《たてもの》」「弄丸《たまどり》」である。

単純明快ながら高度なテクニックを要する技芸である。

江戸でも、一八世紀はじめには軽業の興行が行われていた。享保八（一七二三）年八月、芝神明社の境内《けいだい》で女性の軽業師集団が披露したスリリングな籠脱や綱渡りは、たちまち江戸中で評判になったという。

やがて、幕末にかけて江戸の軽業はより大仕掛けになり、幾度となくブームを巻き起こす。江戸で大当たりをとった見世物は、いわゆる「大坂下り」が多いが、その典型が早竹虎吉の軽業

図2　早竹虎吉の曲差し
（『富士旗竿 早竹虎吉』）

安政4（1857）年の作品である。演じているのは「曲差し」と呼ばれた早竹虎吉の十八番で、旗竿から手を離して肩だけで支え、三味線《しゃみせん》を弾くという高度な芸だった。旗竿の頂点には子どもが舞い踊り、しなる竿の下でバランスを取っているのが虎吉である。

図3　早竹虎吉の石橋
（『大坂下り 早竹虎吉』）

虎吉の得意技には「石橋《しゃっきょう》」という軽業もあった。能や歌舞伎で親しまれた「石橋」という演目を曲芸化したものである。下で仰向けになっているのが虎吉で、2本の青竹を足裏で支えている。青竹の上部に橋が架かっていて、2人の子どもがぶら下がって踊っている。相当なバランス感覚とパワーが必要だったに違いない。

だった。アメリカに渡って海外公演も果たした、幕末の軽業界きってのスーパースターである。

大坂で活躍した早竹虎吉の江戸初お目見えは、安政四（一八五七）年正月晦日《みそか》から両国橋詰で行われた興行だった。この時、虎吉は曲独楽《きょくごま》、手品、綱渡りなど様々な軽業を一人で披露し、デビュー戦ながら多くの見物客を集めている（『武江年表』）。軽業を含む見世物興行は小屋の中で行われることが普通だったが、虎吉が演じる見世物小屋は前日から予約しないと入場できないほど繁盛したらしい（『藤岡屋日記』）。この時、わずか二ヶ月の間に虎吉の軽業を描いた錦絵が三〇点以上出版され、人気のほどがうかがえる。

虎吉の軽業の中でも、十八番だったのが「曲差し」「曲持《きょくもち》」などと呼ばれる芸だった。高さ五mほどの旗竿《はたざお》の頂点で身軽な子どもが動き回り、その竿《さお》を虎吉の肩に乗せる。しかも、その状態で虎吉は三味線《しゃみせん》を弾き、巧みにバランスを取っていたのである。肩の一点だけで重量のある物体を支える、かなりのバランス感覚が要求される熟練の芸だった。

江戸で成功した虎吉は、伊勢《いせ》、安芸宮島、徳島などを渡り歩き、その名を日本の各地に轟《とどろ》かせていく。果ては、慶応三（一八六七）年にアメリカに渡り、サンフランシスコ、ニューヨーク、フィラデルフィアなどで興行するに至ったが、翌年、巡業先で心臓病を患い海の向こうでこの世を去った。世界を股にかけた旅芸人の最期である。

【曲馬《きょくば》】

通常の馬術の枠を超えて、並外れたテクニックで馬を乗りこなす芸を曲馬《きょくば》という。この曲芸は、室町時代から武術の余戯として行われてきたが、興行として人びとを魅了するようになったのは一八世紀以降のことだった。

見世物興行の歴史を遡ると、明和六（一七六九）年に大坂の難波新地で行われた曲馬が古い例である。この一座は後に江戸へ下り、安永元（一七七二）年には両国薬研堀《やげんぼり》で曲馬の興行を披露して評判になった。

やがて、一九世紀初頭になると「女曲馬」（女性による曲馬）が登場し、文政期（一八一八〜三〇）にかけて全盛期を迎える。文政三（一八二〇）年、三名の女性騎手の一座が両国で興行しているが、これを見物した江戸の隠居僧がその模様を詳しく記録していた。

「爰《ここ》に三月中旬の頃より、両国の橋手前の河原には、女姉妹三人の曲馬ありて、馬上に狂言を新作し、殊更《ことさら》姉妹三人ながら、美目うつくしく愛敬よしとて評判高く、各馬上にて踊狂言いろいろ曲乗りをなせり、所謂草摺引《いわゆるくさずりひき》、二人椀久《ににんわんきゅう》、京《きょう》鹿子《かのこ》、団七九郎兵衛、石橋《しゃっきょう》の類たり、乗人は勿論《もちろん》馬の馴《なれ》て、能《よ》く足拍子をふめること賞するに堪《た》へたり。」（『遊歴雑記』）

三人が本当の姉妹だったかどうか定かではないが、彼女らの美貌も手伝って、この曲馬興行は大当たりとなった。馬上で曲芸を披露したばかりか、「二人椀久」「京鹿子」「石橋」など当時の人気芝居を踊りながら演じたというから驚きである。

あまりの評判に、同年五月、浅草奥山での公演中には一一代将軍の家斉《いえなり》も上覧しに訪れたという。

　こうして隆盛を極めた江戸の曲馬だったが、いつまでも安泰ではなかった。幕末になると、そこに新しい商売敵《しょうばいがたき》が現れる。西洋からやってきた曲馬の一座である。元治《げんじ》元（一八六四）年三月、アメリカ人のリズリーは一〇人の座員と八頭の馬を引き連れて横浜に来航する。開国以来はじめての外国曲馬団となるリズリーの一座は、

図1　リズリーの一座による曲馬公演（『横浜異人曲馬』）

西洋の曲馬団の公演は、元治元（1864）年に横浜で初めて行われた。アメリカ人のリズリーが、香港から団員と馬を引き連れて「中天竺舶《ちゅうてんじくはく》来軽業《らいかるわざ》」という一座を組織し、3頭立てや火の輪くぐりなどの曲馬の他、玉乗り、鉄棒、体操など、数々の妙技を披露した。日本サーカス史の幕開けである。

図2　チャリネの一座による公演（『伊太利亜国チャリネ世界第一大曲馬遊覧之図』）

明治 19（1886）年に行われたイタリアのチャリネ曲馬団による公演の様子が描かれている。彼らは、当時世界で最も人気のあるサーカス一座だった。明治 7（1874）年、19 年、22（1889）年に日本を訪れ、横浜や秋葉原で興行し、円形の演技場で曲馬をはじめライオンやトラなど当時の日本では珍しい猛獣ショーの数々を繰り広げる。皇居内の吹上御所で天覧されたほか、全国の外国人居留地内外で巡業し、観衆を魅了した。

乗馬術のほか体操演技、鉄棒、玉乗りなどを演じた。いわゆるサーカスの一座だったといってよい。

西洋曲馬団の来日公演第二弾は、明治四（一八七一）年の九段招魂社（現在の靖国《やすくに》神社）で行われた、フランス人のスリエが座長をつとめた公演である。初回の公演は料金も割高で不評だったが、価格を下げて浅草で再演された翌年の興行は大ヒットする（『武江年表』）。この一座の曲馬では、特に早業が好評だった。さらに、四頭ずつ二列に並んだ八頭の馬を一人で乗り回す曲芸も人びとを虜《とりこ》にした。

西洋人の繰り出す妙技に日本の曲馬は太刀打ちできず、やがて西洋のサーカスに吸収されていくことになる。曲馬も開国という時代の波に飲み込まれていったのである。

【曲独楽《きょくごま》】

近世には、各地の一般庶民によって独楽《こま》まわしが行われていたが、特殊な技芸による独楽まわしを披露するものを「曲独楽」と呼んだ。曲独楽は、日本刀や長い棒の上に独楽を乗せて端から端まで動かしたり、着物の袖口から肩にかけて独楽を移動させるような曲芸である。巨大な独楽を使うこともあった。

江戸には、浅草寺の境内《けいだい》で代々曲独楽を披露した松井源水という達人の一座がいた。源水は歯磨きを売る辻《つじ》商人だったので、得意の曲独楽で人を集め、見物客に商品を売ろうという算段である。歯磨きは飛ぶように売れ、源水が披露するア

図1　松井源水の曲独楽（『職人尽絵詞』）

松井源水が曲独楽を披露している絵である。刀の刃先で独楽が回っている。源水の手前には、曲独楽を見たさに集まった見物客に歯磨きを売る商人の姿がある。

トラクションは江戸中の人びとを虜《とりこ》にした。

松井源水の得意技は、一本の麻ひもの上で直径一尺五寸（約四五cm）、重さ五貫五〇〇匁《もんめ》（約二〇kg）の大独楽を軽々と回す芸である。高さ三尺五寸（約一〇五cm）の独楽を操る技芸もあった。その妙技は、享保一一（一七二六）年に浅草を訪れた将軍世子の家重（九代将軍）が上覧したほどである。

江戸の曲独楽は、弘化《こうか》期（一

八四四〜四八）から安政期（一八五四〜六〇）にかけて全盛期を迎える。この頃になると、集まった見物客を飽きさせまいと、からくり仕掛けの独楽を使ったり水芸ともタイアップして、流行の音曲をバックミュージックに上演するようになった。曲独楽の技術的な発展に限界が見えたことも理由だったが、この工夫によってエンターテインメント性が増したことは間違いない。

幕末、松井源水一座の曲独楽はついに海を渡る。一三代目松井源水は慶応二（一八六六）年にアメリカを訪れ、曲独楽を披露した。いわば曲独楽界の日本代表である。

『藤岡屋日記』には、この海外公演の演題や道具について記されている。その一部を抜粋すると、幅一尺八寸（約五五cm）、重さ五貫五〇〇匁（約二〇kg）の「大独楽」のほかに、「羽子板曲独楽」、「富突《とみつき》人形独楽」（高さ約二一〇cm、横幅九〇cm四方）、「浦嶋太郎《うらしまたろう》人形独楽」（高さ約一五〇cm、横幅九〇cm四方）、「時計独楽」（約二一〇cm、横幅約七五cm）、「刀刃渡之独楽《かたなはわたり》」など、巨大な独楽が並ぶ。大

図２　浅草寺境内の曲独楽
（『江戸名所図会』）

『江戸名所図会』の浅草寺境内を描いた部分には、「源水」とキャプションがつけられたエリアがある。よく見ると、松井源水らしき人物が曲独楽を披露し、それを見物客が取り囲んでいる様子がわかる。曲独楽の達人は松井源水だけはなかったが、浅草寺の名物にもなっていた源水の曲芸は特別なものだった。

図３　竹沢藤次の曲独楽
（『一流曲独楽 竹沢藤次』）

弘化元（1844）年に国芳が描いたものとされる。絵のモデルになった竹沢藤次は、松井源水と同じく江戸で人気の曲独楽の名人だった。

独楽の回転が止まると、中から八歳の女児が出てくるという驚きの仕掛けまであった。
日本を代表する曲独楽というスポーツが、近世の昔にまだ見ぬ欧米社会へ飛び出していった事実は面白い。日本人アスリートの海外挑戦の歴史は、幕末の芸人によって開拓されていたといえよう。

3　達成型

【魚釣《さかなつ》り】

近世を通じて、江戸では魚釣りが幅広い人気を得ていた。五代将軍綱吉の生類《しょうるい》憐《あわれ》みの令《れい》の時代には、生業以外の趣味の釣りは厳しく取り締まられたが、隠れて楽しむ釣り人が後を絶たなかったという。

一二代将軍の家慶《いえよし》が大の釣り好きで有名だったように、大名から下級武士まで釣

図１　多摩川の釣り人（『江戸名所図会』）
多摩川で、鮎漁《あゆ》をする人たちと釣り人が会話しているシーンが描かれている。当時の岡釣りをする人の装いを知ることができる。長期戦に備えて、笠《かさ》を被って釣りをするのが一般的だった。川の向こう岸にも、３人の釣り人の姿が見える。

図２　御茶ノ水で釣りを楽しむ人びと（『東都名所』）
御茶ノ水の神田川で釣りを楽しむ人びとである。水深の浅いところだったようで、左側の人びとは川に入って釣りをしている。子どもの釣り人も見える。

りを趣味とするケースは多かった。下級武士の中には困窮した者も多かったが、時間はあっても金はない彼らにとって、釣りは恰好《かっこう》のレジャーだったのである。

釣りは、江戸庶民の間でも人気スポーツの地位を確立していた。庶民が江戸の様々なスポットで釣りを楽しむ光景を描いた絵画は、実にたくさん残されている。武士から庶民にいたるまで、幅広い支持層を持っていた

図3　北斎が描いた「釣の名人」
（『北斎漫画』）

葛飾北斎が描いたもので「釣の名人」というキャプションが添えられている。ユーモア溢《あふ》れる作品だが、当時の釣り人の出で立ちがよくわかる。

図4　隅田川で船釣りを楽しむ男女（『絵本隅田川両岸一覧』）

葛飾北斎の作品である。浅草蔵前の隅田川のほとりにあった「首尾の松」というスポットで、釣りに興じる男女が描かれている。当時の釣り人は大半が男性だったが、釣りを楽しむ女性も少数派ながら存在した。

図5　木場で釣りをする子ども（『東都花暦十景』）

木場で釣りをして遊ぶ男児の姿が描かれている。江戸の子どもの遊びとして、釣りがどれだけ普及していたのか定かではないが、釣りをする子どもや親子連れの釣り人の姿は、近世の絵画に度々登場する。

ことが江戸の魚釣りの特徴だろう。

釣り人気を反映するかのように、一八世紀から一九世紀にかけては『河羨録《かせんろく》』『釣客伝《ちょうかくでん》』をはじめ多くの釣りの指南書が書き記された。享保年間（一七一六〜三六）に成立した『河羨録』は、江戸一体の釣り場の案内から釣り道具の詳細に至るまで、魚釣りに必要な一切の情報を網羅した大全集である。また、文政年間（一八一八〜三〇）に出た『釣客伝』には、釣りの極意や心得が記されていて、釣り人としてのマナーまで解説されている。

江戸には、釣りの人気スポットがあった。江戸城の内堀、外堀、寺社の池などは禁漁区だったが、鉄《てっ》砲洲《ぽうず》、佃島《つくだじま》、木場、仙台堀、中洲《なかす》、堅川《たてかわ》、小名木川《おなぎがわ》、山谷堀、三味線堀《しゃみせんぼり》、綾瀬川《あやせがわ》、千住《せんじゅ》、尾久《おぐ》、滝野川、芝浦、天王洲《てんのうず》などは日帰りで行ける場所として繁栄した。もう少し遠く、江戸近郊の多摩川、川崎大師、羽田沖、中川、利根川まで足を延ばす釣り人もいたらしい。

今日にも通じる話だが、当時の江戸にも岡釣りと船釣りがあった。川岸や海岸で魚を釣る岡釣りも好まれたが、川の中や沖に船を出す船釣りも流行していた。深川には多くの釣船が営業していたそうで、小

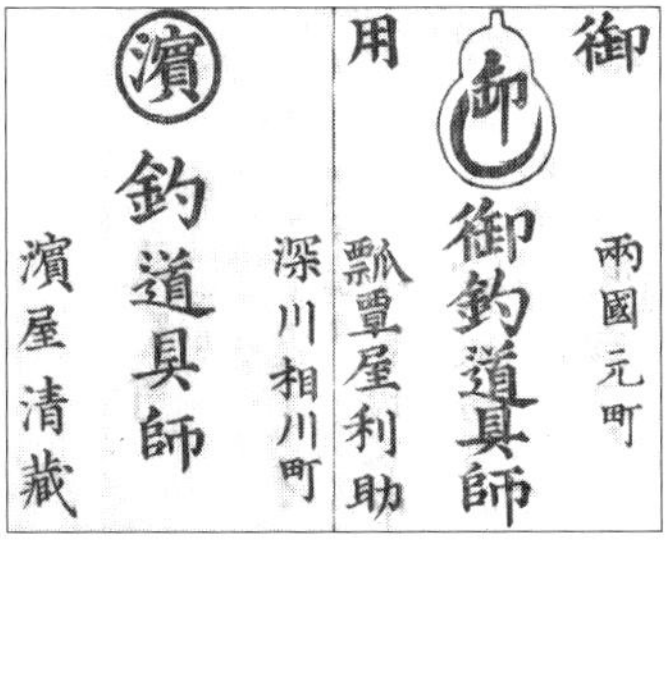

図6　江戸の釣り道具店の広告
(『江戸買物独案内』)
江戸の買い物ガイドブックに掲載された釣り道具店の広告である。ここには、両国元町と深川相川町の「釣道具師」が紹介されているが、江戸の繁華街にはたくさんの釣り道具屋が営業していた。

さい船なら一〇〇文で一日中貸し切って釣りを楽しめたという（『守貞漫稿《もりさだまんこう》』）。岡釣りは釣竿《つりざお》一本に普段着で行う手軽なものだったが、沖に船を出すようなパターンは上級者向けだったようである。

江戸の魚釣りの人気に拍車をかけたのが、道具類の発達である。釣り糸としてテグス（天蚕虫《てんぐすさん》という蛾《が》の幼虫半から出来た透明の糸）が普及し、竿や針にも改良が施されると、江戸の熱心な釣り人たちは道具の性能にも関心を示すようになった。こうして大いに潤ったのが、江戸市中の繁華街に店を構えていた釣り道具の販売業者である。江戸の買い物ガイドブック『江戸買物独案内《ひとり》』には、両国と深川の釣り道具屋が宣伝されている。釣り道具屋の存在は、江戸の釣り人気を支えた大切な要因であろう。

これだけの人気スポーツにしては珍しく、釣りには家元制や流派は存在しなかった。江戸の魚釣りとは、あくまで個人的なレベルで楽しむ自由度の高いスポーツだったのである。

【竹馬《たけうま》】

竹馬は、二本の竹竿《たけざお》の下部に足を乗せる横木をつけて、手で竹竿を操って乗り歩く遊びである。これが現代の日本人が竹馬に抱く一般的なイメージだろう。ところが、日本古来の竹馬は、枝葉のついた笹竹《ささだけ》にまたがり手綱《たづな》を引きずって走り回る遊びで、私たちが知る二本足の竹馬ではなかった（『骨董集《こっとうしゅう》』）。

近世になると、二本の竹竿に横木をつけて乗る遊びが「竹馬」とか「鷺足《さぎあし》」という名前で現れる。このニュータイプの遊びは、早いものでは一九世紀前半の文献に登場する（『梅園日記』）。幕末期に記された『守貞漫稿《もりさだまんこう》』には、江戸の竹馬は七～

図1　日本古来の竹馬（『骨董集』）

日本の竹馬とは、もともと笹竹を馬に見立ててまたがり、引きずって走り回る遊びを意味していた。近世になっても、このタイプの遊びは春駒などと呼ばれて継承されている。

八尺（約二二一・一〜二四二・四㎝）の竹竿に縄で横木を括《くく》り付けて足掛かりにするという説明文があり、二本足の竹馬が定着していた様子がうかがえる。

竹馬は江戸市中の代表的な子どもの遊びとして位置づけられ、竹馬の高さを競ったり、一本を肩に担いで片足歩きをしたり、竹馬に乗っている者同士がぶつかって相手を落馬させるようなルールで行われることもあったという。

明治初期に数年間日本に滞在し

図4

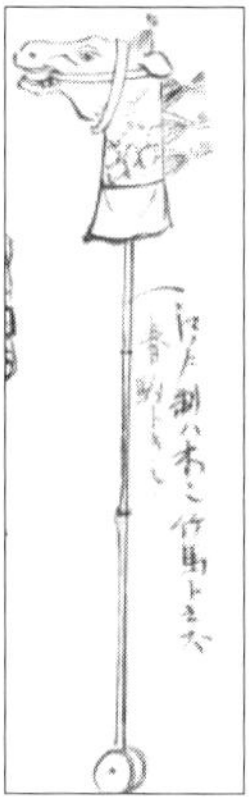

図3

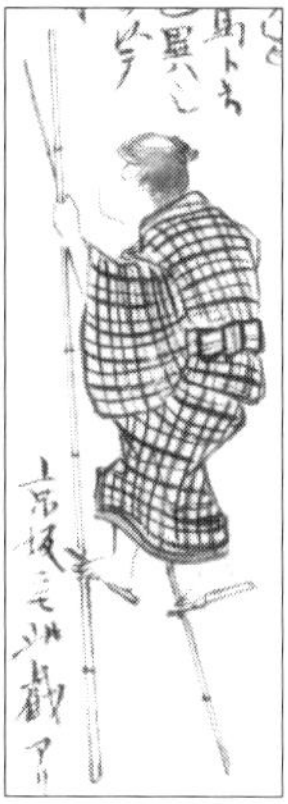

図2

図2　幕末の江戸の竹馬（『守貞漫稿』）

19世紀中頃になると、2本足の竹馬が登場する。この絵は、幕末の江戸で竹馬に乗っている男児を描いている。今日の日本人がイメージする竹馬そのものである。

図3　幕末の京都・大坂の竹馬道具（『守貞漫稿』）

幕末になっても、京坂では竹馬といえば竹にまたがって走り回るタイプを意味していた（2本足の竹馬もあったらしい）。『守貞漫稿』の挿絵を見ると、京坂の竹馬は竹竿の先端に馬の首をつけ、末端には車をつけて遊んでいたようである。ただし、江戸にこのタイプの遊びがなかったわけではなく、「春駒」と呼ばれ親しまれていた。

図4　エアトンが見た竹馬（鷺足）で遊ぶ日本の子ども（"Child-life in Japan"）

明治6（1873）～11（1878）年に日本に滞在したイギリス人女性のエアトンが見た「サギアシ」のイラストである。サギアシ（鷺足）については「この呼び名は、それに乗る姿が白鷺が湿った田んぼの中を長い足でゆうゆうと歩く様子に似ていることに由来するという。実際に私が見た少年は、まさに白鷺のようであった。」と書いている。エアトンにとって日本の竹馬の形状や操作技法は、自らの属する西洋文明には見られない異文化の代物だった。

図5　竹馬で渡河する人びと
(“Further notes on the use of stilts”)
かつてのヨーロッパでは、架橋されていない地域では実用目的で竹馬に似た乗り物が用いられていた。この絵は、17世紀のゴレンスカ地方で河川を渡る人びとを描いている。操作技法が日本とは大きく異なる。

たイギリス人女性のエアトンは、路上で見た日本の鷺足（竹馬）について「サギアシと呼ばれる竹製の乗り物に乗った少年に遭遇した。（中略）竹の棒に垂直に楔《くさび》で止められた横木に足をのせて歩く姿をみると、その乗り物はまるで少年の靴のようであった。」という見聞録を残した（“Child-life in Japan”）。明治期になっても竹馬が子どもの遊びとして健在だったことがわかる。

もちろん、当時のヨーロッパにも竹馬に似た乗り物は存在し、渡河のためなど実用目的で大人が使うこともあった。しかし、図5に例示したヨーロッパ人は身体の横で腕を下に伸ばした状態で棒を握り、足を乗せる台は棒の内側に向いている。棒が背後に通っている点も、日本の竹馬とは大きく異なる。同じ形態の乗り物でも、日本とヨーロッパでは操作技法がまったく違っていたのである。エアトンの記録がどことなく未知の事柄を観察しているように見えるのは、日本の風俗を丹念に拾い上げる意味合いだけではなく、日欧の竹馬の操作技法に明らかな差があったからではないか。

なぜ、このような違いが生じたのだろうか。その謎を解く一つのヒントは、日本とヨーロッパの身体文化の違いに求めることができる。日本人は右足（左足）が前進すると右（左）の半身が前に出るような「ナンバ」と呼ばれる身体文化を持っていたので、半身の連続で歩く竹馬の技法にそれほど違和

図6　すかりを履いて雪中を歩く男性
（『北越雪譜』）
竹馬の操作技法に似た歩行形態を「すかり」という雪中の歩行用具に見ることができる。この絵は鈴木牧之《すずきぼくし》の『北越雪譜』に描かれたすかりを履く男性の姿である。先端に取り付けられた長い紐《ひも》を引っ張りながら一歩ずつ進むため、竹馬のように同じ側の上下肢が同時に前に出る半身姿勢が繰り返される。すかりを履いて雪中で獣を追いかける者もいたというから驚きである。

感はなかった。一方、ヨーロッパ文化は半身姿勢の発想が薄かったために、日本人から見れば不可思議な操作技法が選ばれたのではないだろうか。

あくまで想像の範囲でしかないが、スポーツにおける運動技術の問題は、それを実施する人のバックグラウンドに潜む身体文化にまで踏み込んで掘り下げてみると、結構面白い。

第9章

知恵くらべ【ちえ-くらべ】

1　ボードゲーム

2　カードゲーム

1　ボードゲーム

【囲碁《いご》・将棋《しょうぎ》】

囲碁は、中国の唐代にはじまった盤上遊戯である。奈良時代には、すでに中国大陸から日本に伝来していた。奈良の正倉院《しょうそういん》には聖武《しょうむ》天皇が愛用したとされる碁盤があり、朝廷の人びとが囲碁を打っていた様子がうかがえる。平安時代には貴族や僧侶、中世になると武士を担い手として流行し、近世には庶民も巻き込んだ人気を

図1　碁会所で囲碁を打つ人びと（『職人尽絵詞』）

文化年間（1804〜18）に描かれた『職人尽絵詞《しょくにんづくしえことば》』の1枚である。刀を置いて囲碁を打つ江戸の武士が描かれている。傍らには飲食物が置かれている。囲碁を打つ場所を碁会所と呼び、囲碁ファンたちが寄り集まって腕を競い合っていた。

獲得する。庶民向けの囲碁の定石集《じょうせき》として、享保五（一七二〇）年には『新撰碁経大全《しんせんごきょうたいぜん》』も出版された。

同じく、近世の江戸で流行した盤上遊戯が将棋である。将棋も一〇世紀頃に中国から日本に伝わった。近世には知的な楽しみとして武士階級だけでなく、町人、農民層にも広まっていく。葛飾北斎がイラストを担当した将棋の入門書『駒組童観抄』も出版されている。

囲碁、将棋ともに、ただの娯楽にとどまるものではなかった。元禄《げんろく》三（一六九〇）年刊行の『人倫訓蒙図彙《じんりんきんもうずい》』は、各階層の職業や身分をまとめた書物だが、囲碁と将棋の打ち手は「能芸部」に分類されている。すでにこの時代には、棋士たちは芸の道を歩むプロフェッショナルとして世間に認知されていたのだろう。

囲碁と将棋が一定の地位を確立した背景には、権力による庇護《ひご》があったことも見逃せない。慶長七（一六〇二）年、宗桂《そうけい》という将棋指しが時の後陽成《ごようぜい》天皇に詰将棋集を献上し、翌年には本因坊《ほんいんぼう》、利玄坊《りげんぼう》、仙角《せんかく》、道碩《どうせき》という四人の碁打ちが天皇の御

図２　碁盤を作る職人
（『今様職人尽百人一首』）

18世紀前半の碁盤職人の作業風景である。「ごばんや」とのキャプションがある。右はヘラで目盛りをしている職人、左は片肌を脱いで脚をはめ込む穴を彫っている職人である。右上には、完成品が積まれている。

図３　将棋を指す人びと（『北斎漫画』）

『北斎漫画』に描かれた将棋を指す人びとである。幕府の庇護を受けて格式を高めた将棋だったが、一般庶民の間にも広く普及していた。

前で碁の技芸を披露した。この天覧の仕掛け人は、徳川家康だったらしい。その後も、徳川家康と囲碁、将棋との結びつきは強く、慶長一七（一六一二）年には家康が八人の碁打ちと将棋指しに対して俸《ほう》禄《ろく》を与えている。こうして、囲碁と将棋は幕府公認の高尚な技芸となり、家元制度も確立されていった。中世以来、広く愛好されてきた双六《すごろく》がお墨付きを得られなかったのは、同じように頭脳を駆使した競技でも、賽《さい》の目という偶然性に依存する部分が大きかったからだという。

人びとが集まって囲碁を打つ場所を碁

図４　湯屋の２階で将棋を指す人びと
（『江戸府内絵本風俗往来』）
湯屋の２階で将棋を楽しんでいる様子である。男性２名が向かい合って対局を楽しむ様子と、横から口を出す人物が描かれている。将棋は囲碁とともに幕府の公認を得た由緒あるマインドスポーツだったが、一般庶民が風呂上りに遊べるような気軽さもあった。

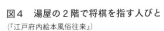

会所と呼んだ。囲碁好きが出入りして対局を楽しむ有料の貸席である。江戸市中には、そこかしこに囲碁や将棋を打てる場所があった。例えば、江戸の湯屋（銭湯）の二階は庶民がふらっと立ち寄る憩いの場だったが、ここでは風呂上りに囲碁、将棋を楽しむ人びとがたくさんいたという。

欧米にはマインドスポーツという分野があり、囲碁や将棋もその中に含まれる。アジア競技大会の正式種目に、チェス、象棋《シャンチー》（中国将棋）とともに囲碁が名を連ねた実績もある。世が世なら、囲碁に熱中した江戸庶民の中から、日本代表選手が生まれていたかもしれない。

2 カードゲーム

【かるた】

かるたは、読み札と絵札に分れたカードを使うゲームである。読み上げられた歌を聞いて、出来るだけ早く読み札にあわせた絵札を取り合い、獲得した枚数を競う。かるたの語源はポルトガル語だが、似たタイプの遊戯は日本とポルトガルが交流する前からあったらしい。もともと日本の平安時代にあった貝合せ（貝の絵柄を合わ

図１　かるた賭博（『鹿の巻筆』）

貞享３（1686）年刊行の笑い話や小話を集めた噺本《はなしぼん》『鹿の巻筆』の挿絵である。かるた賭博をしている様子が描かれている。賭け事を嫌った幕府は度々かるたの禁止令を発するが、ギャンブラーたちを黙らせることはできず、かるたの伝統は生き残っていった。

せる競技）と、ヨーロッパ由来のカードゲームが融合したものだと考えられている。元禄期《げんろく》（一六八八〜一七〇四）頃から今の遊び方になるが、その代表格が近世に幅広い層に親しまれた百人一首である。

かるたにはいくつかの系統があるが、有名なものが歌かるたである。百人一首に代表されるように、上の句と下の句に分かれていて、上の句を第三者が読み上げるとプレーヤーが下の句の書かれた札を取り合う。上の句を読む音声によって競技が続行されるという形態は、世界的に見ても珍しい。今日も盛んに行われている競技かるたからもイメージできるように、座って行うわりに運動量は決して少なくない。和歌を覚える記憶力と、いち早く札をゲットする俊敏性が要求されるスポーツである。

一七世紀末より爆発的に流行したかるたは、ほどなくして賭博の対象にもなった。そのため、幕府はかるたを使ったギャンブルをたびたび取り締まる。明暦元（一六五五）年には、「かるた博奕《ばくち》諸勝負」は固く御法度《ごはっと》だと禁じてきたにも拘らず、この頃また盛んに行われているとして、改めて禁令が出されている（『徳川禁令考』）。もちろん、こんなことで自粛するギャンブラーはおらず、一世紀以上が経った寛政三（一七九一）年の江戸でも、賭博用のかるたの売買が相変わらず禁止されていた（『江戸町触《まちぶれ》集成』）。

規制をくぐり抜けて生き残ってきた江戸のかるただったが、二〇世紀が開幕すると大きな転換期が訪れる。この頃に結成された東京かるた会によって統一ルールが提案され、本格的に競技化の道を歩むことになったのである。百人一首の札に書かれていた変体仮名も、新時代の教育を受けた人びとに合わせて平仮名に改められた。明治三七（一九〇四）年には、競技かるたの第一回大会が東京で開催されている。

図2　大奥のかるた（『千代田の大奥　かるた』）

大奥の女中たちが、かるたをして遊んでいる様子である。明治28（1895）年の出版物だが、かるたは大奥にも普及していたのだろう。趣味であれ、賭博であれ、かるたが近世を通して江戸の老若男女に親しまれていたことは間違いない。

内輪だけで楽しむためのローカルルールではなく、統一ルールの下に無縁の者同士がナンバーワンを巡って集い、競い合える環境を整備していくプロセスは、各種の近代スポーツの成り立ちにも良く似ている。

p.152 図2 ［東京国立博物館所蔵　Image: TNM Image Archives］

p.160 図1 ［川崎市市民ミュージアム所蔵］

p.161 図3 ［神戸市立博物館所蔵　Photo: Kobe City Museum / DNPartcom］

p.162 図4 ［『国文学 解釈と観賞』40巻14号（臨時増刊号）］

p.166 図2 ［もりおか歴史文化館所蔵］

p.168 図5｜p.169 図6｜p.170 図8｜p.200 図3｜p.229 図2｜p.251 図1・2｜p.252 図3｜p.260 図1｜p.261 図3｜p.265 図1・2｜p.308 図3 ［山口県立萩美術館・浦上記念館所蔵］

p.174 図3 ［『浮世絵聚花 メトロポリタン美術館 ニューヨーク公立図書館』（小学館―1979年）］

p.179 図4｜p.188 図1｜p.245 図1｜p.246 図2 ［横浜市歴史博物館所蔵］

p.205 図1｜p.263 図5 ［馬の博物館所蔵］

p.206 図2 ［日本体育大学図書館所蔵　『日本体育大学図書館所蔵 特別図書目録』（日本体育大学図書館―1987年）］

p.208 図4｜p.262 図4 ［和歌山市立博物館所蔵］

p.221 図1｜p.223 図4｜p.228 図1 ［相撲博物館所蔵］

p.223 図5｜p.225 図7 ［著者所蔵］

p.233 図2｜p.269 図1｜p.295 図3 ［立命館大学アート・リサーチセンター提供（Ebi0446, Ebi1197）］

p.236 図1｜p.237 図2 ［川添裕氏所蔵　川添裕『見世物探偵が行く』（晶文社―2003年）］

p.270 図2 ［太田記念美術館所蔵］

p.275 図1｜p.276 図2｜p.277 図3・4・5 ［松浦静山『甲子夜話三篇6』（平凡社東洋文庫―1983年）］

p.278 図6 ［府中美術館編『歌川国芳――奇と笑いの木版画』（東京美術―2015年）］

p.301 図4 ［Chaplin Ayrton, *Child-life in Japan*（London 1888）.］

p.302 図5 ［K. G. Lindblom, *The use of stilts especially in Africa and America* (Stockholm 1927).］

図版出典一覧

p.51 図1｜p.58 図3・4｜p.287 図2［公文教育研究会所蔵］

p.52 図2｜p.53 図3｜p.56 図1｜p.57 図2｜p.61 図1｜p.63 図3｜p.64 図4｜p.72 図2｜p.76 図1｜p.77 図3｜p.79 図5・6｜p.83 図1｜p.86 図4｜p.90 図1｜p.91 図2｜p.105 図3｜p.108 図1｜p.114 図3｜p.123 図1｜p.124 図2・3｜p.125 図4｜p.126 図5・6｜p.130 図1・2｜p.131 図3・4｜p.134 図1｜p.141 図4｜p.144 図1・2・3｜p.145 図4・5｜p.146 図6｜p.155 図1・2｜p.160 図2｜p.162 図5｜p.163 図6・7｜p.164 図8｜p.167 図3｜p.168 図4｜p.169 図7｜p.173 図1｜p.174 図2｜p.183 図1・2｜p.184 図3｜p.192 図1｜p.194 図3｜p.196 図4｜p.199 図1・2｜p.201 図4｜p.202 図5｜p.207 図3｜p.211 図1｜p.212 図3｜p.222 図2｜p.224 図6｜p.232 図1｜p.242 図2｜p.256 図1｜p.257 図2｜p.261 図2｜p.271 図3・4・5｜p.280 図1｜p.286 図1｜p.290 図1｜p.292 図2｜p.294 図1・2｜p.295 図4｜p.296 図5｜p.297 図6｜p.300 図1｜p.301 図2・3｜p.307 図1｜p.308 図2｜p.314 図2［国立国会図書館デジタルコレクション］

p.62 図2［著者作成］

p.70 図1｜p.73 図3｜p.78 図4｜p.96 図1｜p.97 図2｜p.112 図2｜p.139 図2｜p.178 図2・3｜p.194 図1｜p.211 図2｜p.222 図3｜p.241 図1｜p.303 図6｜p.312 図1［早稲田大学図書館所蔵］

p.76 図2｜p.166 図1｜p.281 図2・3［wikipedia］

p.84 図2［山梨県立博物館所蔵］

p.85　図3｜p.151　図1［東京富士美術館所蔵 ©東京富士美術館イメージアーカイブ / DNPartcom］

p.92 図3［神奈川県立歴史博物館所蔵］

p.93 図4［世田谷区立郷土資料館所蔵］

p.99 図3｜p.103 図1｜p.108 図2｜p.156 図3｜p.157 図4｜p.194 図2｜p.233 図3｜p.253 図4｜p.309 図4［菊池寛一郎『江戸府内絵本風俗往来』(青蛙房―2003年)］

p.104 図2［福岡市博物館所蔵　画像提供：福岡市博物館 / DNPartcom］

p.112 図1｜p.177 図1｜p.238 図3｜p.292 図3［東京都江戸東京博物館所蔵　Image: 東京都歴史文化財団イメージアーカイブ］

p.135 図2［The Japanese Art Open Database］

p.137 図3［玉川大学教育博物館所蔵］

p.139 図1｜p.140 図3｜p.188 図2｜p.213 図4｜p.243 図3［中城正堯編著『江戸時代 子ども遊び大事典』(東京堂出版―2014年)］

【ら行】

【わ行】

【ま行】

【た行】

【さ行】

【か行】

【著者】
谷釜 尋徳（たにがま　ひろのり）
1980年生まれ。東洋大学法学部教授。日本体育大学体育学部卒業、日本体育大学大学院体育科学研究科博士後期課程修了。博士（体育科学）。専門はスポーツ史。
著書に『歩く江戸の旅人たち』（晃洋書房、2020年）、『籠球五輪』（共編著、流通経済大学出版会、2020年）、『オリンピック・パラリンピックを哲学する』（編著、晃洋書房、2019年）、『バスケットボール競技史研究概論』（共著、流通経済大学出版会、2018年）、『バスケットボール学入門』（共著、流通経済大学出版会、2017年）、『知るスポーツ学事始め』（共著、明和出版、2010年）など。

江戸《えど》のスポーツ歴史事典《れきしじてん》

2020年11月10日　第1刷発行

著　者　谷釜尋徳

発行者　富澤凡子

発行所　柏書房株式会社
東京都文京区本郷2-15-13（〒113-0033）
電話（03）3830-1891［営業］
（03）3830-1894［編集］

装　丁　鈴木正道
組　版　有限会社クリエイト・ジェイ
印　刷　萩原印刷株式会社
製　本　株式会社ブックアート

ISBN978-4-7601-5284-1